Let's start mountain climbing from today!

Dugong Daisuke
presents

今日からはじめる山登り

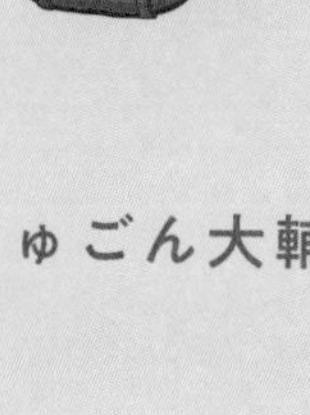

じゅごん大輔

KADOKAWA

プロローグ
2013年 春——
じゅごん氏～
今期話題の登山アニメ見てる？
見てる見てる！登山やってみたくなるよねえ
じゅごん氏
マンガアシスタント
幼馴染との再会の約束
主人公の心の成長
山でつながる仲間との絆
百合
すべてが尊い
のめり込んでるねえ
それじゃあ…

山登り…はじめてみますか？
みませんが
ええ…？
「よしやろう！」ってなるところでは？
やってみたいと思うのと実際にやるかは別なのだよ
インドア生活に慣れきった精神と肉体はそう簡単に変えられるものではない
だらだら
ガチャガチャ
だらだら
陰キャオタクの出不精っぷりをナメたらあかん！
ごめん…
「今日からはじめる山登り」完

2018年 春——
じゅごん氏～
今期話題のキャンプアニメ見た?
見た見た!キャンプはじめたくなるよねえ
じゅごん氏
会社員
恩人との再会
主人公の心の変化
キャンプでつながる仲間との絆
百合
すべてが尊い
のめり込んでるねえ
それじゃあ…

キャンプ…はじめてみますか？
グッ
みますか
即答！
意外だ「めんどくさい」ってなるかと思ったのに
わかってないなあにゃも氏わかってない
キャンプとはテント張って肉食って酒飲んで寝るだけのヌルゲー
上手に焼けました〜
くるくる
インドアオタクでもそれぐらいならへのつっぱりはいらんですよ！
HA HA HA HA HA
よくわからんがすごい自信だ
「今日からはじめるキャンプ」始動

※キャンパーの皆様ごめんなさい

したかに思えたが…
うーん
どれにするか
悩むな
ONLINE SHOP
寝袋
特集 ランキング おすすめ カテゴリー
ランキング
道具
沼だねぇ
テント
寝袋
マット
ランタン
調理器具
それに
運ぶことを考えると
移動は車になるな
レンタカー
借りるかあ
あ それ
なんだけど
私
車の
免許持って
ないから
運転は
じゅごん氏に
任せるね
え?
スー…
MAX
やる気メーター
俺も
ペーパーだから
にゃも氏に運転
任せる気満々
だったんだけど
え?
早くも心が
折れかける

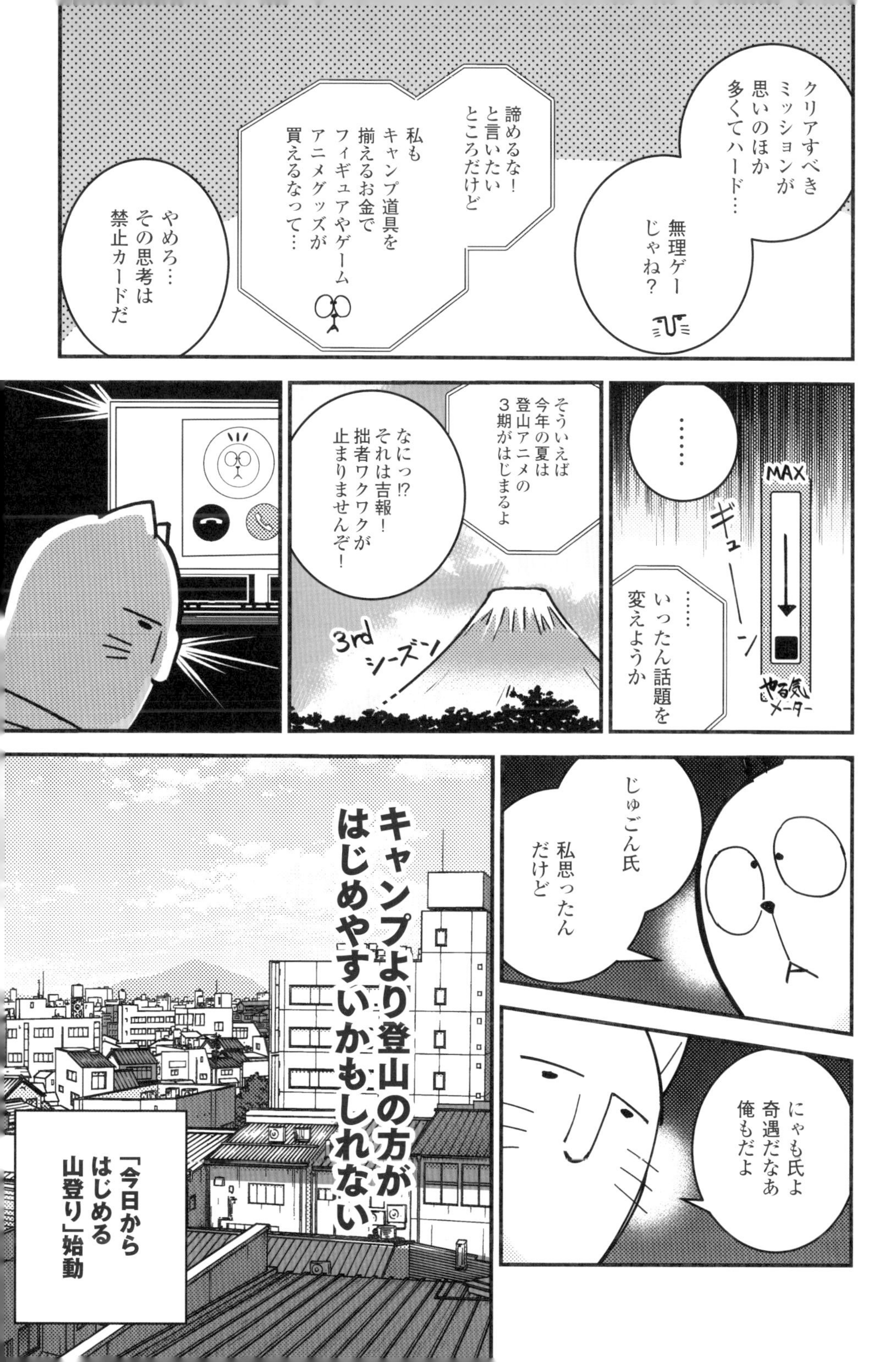

クリアすべきミッションが思いのほか多くてハード…
無理ゲーじゃね？
諦めるな！と言いたいところだけど
私もキャンプ道具を揃えるお金でフィギュアやゲームアニメグッズが買えるなって…
やめろ…その思考は禁止カードだ
……
MAX
ギューン
やる気メーター
……いったん話題を変えようか
そういえば今年の夏は登山アニメの3期がはじまるよ
なにっ⁉それは吉報！拙者ワクワクが止まりませんぞ！
3rdシーズン
じゅごん氏
私思ったんだけど
にゃも氏よ奇遇だなあ俺もだよ
キャンプより登山の方がはじめやすいかもしれない
「今日からはじめる山登り」始動

Let's start
mountain climbing
from today!

CONTENTS

charactor

Dugong Daisuke

じゅごん大輔

インドア系陰キャオタクがアニメをきっかけにアウトドア系陰キャオタクにジョブチェンジした。登山の魅力を伝えたくて漫画を描きはじめる。

Nyamo-shi

にゃも氏

学生時代からの腐れ縁のオタク友達。ツッコミ担当。基本的に冷静でじゅごん氏の思いつきの山行にも付き合ってくれるいい奴。

Koma-chan

こまちゃん

じゅごん氏のイマジナリーガールフレンド。体力無尽蔵でいつも元気。登山中はいつも励ましてくれる心の支え。交際歴5年（2024年時点）。

ブックデザイン ――― 名和田耕平デザイン事務所（名和田耕平＋尾山紗希）
協力 ――――――― namo　もんてつ　オレアノ
丹沢悪の秘密結社
作画協力 ―――――― みちのく.（カバー背景イラスト）
くさひき（イラストMAP）
うめウメお　JIN　寧音　六野内ルカ
to　ゆうじろ　ひのえ
執筆協力 ―――――― 上田洋平
MAP ――――――― 荒木久美子
DTP ――――――― 新野 亨
校閲 ――――――― ぴいた
許諾確認 ―――――― 松浦紗希
編集 ――――――― 篠原賢太郎

本書で紹介している描写は著者が訪れた時点のものになります。
紹介しているアイテムは著者の私物で、仕様等も当時のものになります。
コースMAPは本書で紹介しているルートとその周辺のみを記載しています。

第1座

Let's start mountain climbing from today!

はじめての山登り

（東京都）

標高
599 m

高《たか》尾《お》山《さん》

山行前夜――
時は来た
ああ
明日は世界一の登山者数を誇る東京の山
高尾山に登る日
聞くところによると地元の小学生が遠足で登るような安全な山だという
Mt.TAKAO
我々の登山デビューにふさわしい山だとは思わんかね？（体力的に）
だが油断は禁物だぞ？
わかっている

この日のためリュックにスニーカー
丈夫で動きやすそうな服装を準備
学生時代に通学に使っていたリュック
・Tシャツ
・ジャケット
・デニムパンツ
（運動用？）スニーカー
※全部家のもので揃えたので出費はゼロ
山に必要そうな持ちものもすでにリュックに入れた！
・飲みもの
・おやつ
・傘
・タオル
・着替え
・ゴミ袋
・財布
・絆創膏
・ティッシュ
Cola
※素人考えです
天気予報もばっちり！
AMOO! JAPAN
明日の天気
6:00
9:00
12:0
晴れ
晴れ
晴れ
晴れ
※山用じゃない天気予報
抜かりは
ないッ！
綿100%
綿100%
綿100%
※あります
勝ったなガハハッ！
はたしてはじめての登山はいかに？

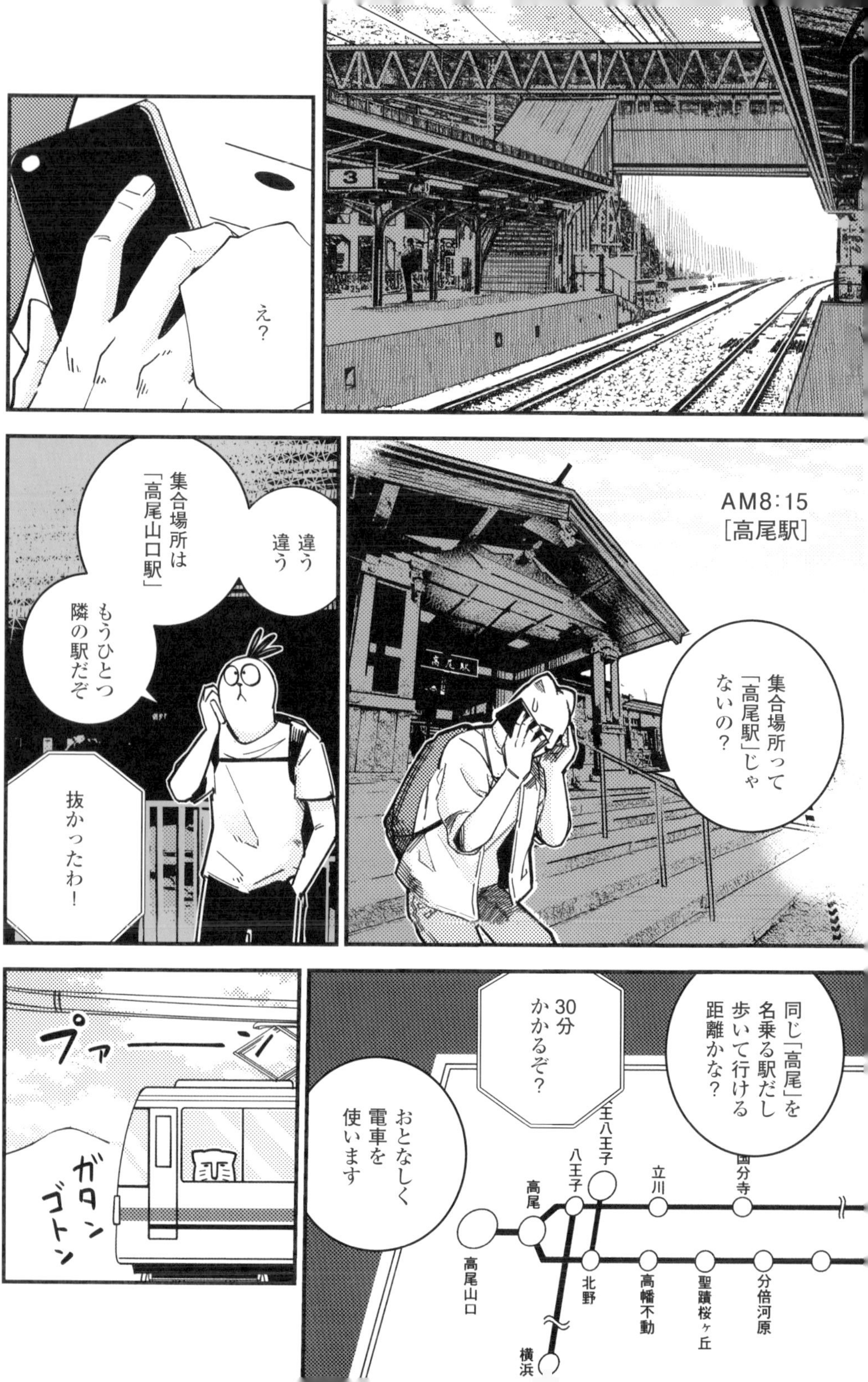
え？
AM8:15
[高尾駅]
集合場所って「高尾駅」じゃないの？
違う違う
集合場所は「高尾山口駅」
もうひとつ隣の駅だぞ
抜かったわ！
同じ「高尾」を名乗る駅だし歩いて行ける距離かな？
30分かかるぞ？
おとなしく電車を使います
八王子
立川
国分寺
高尾
高尾山口
北野
高幡不動
聖蹟桜ヶ丘
分倍河原
横浜
プァーーーン
ガタン
ゴトン

AM8：30
［高尾山口駅］
ドタバタ
主役は遅れてやってくるものさ
登山マンガの主役はやらない方がいいのでは？
それにしてもすんごいおしゃれな駅だな
ボロ…
田舎のさびれた無人駅みたいなの想像してたよ
本当にね人もすごく多いし観光地みたい
高尾山口駅
ガヤガヤ
高尾山口駅は駅前の温泉施設の開業に合わせてリニューアルされ2016年度にグッドデザイン賞を受賞
デザインはあの日本を代表する建築家・隈研吾さんが手がけています
言われてみると新国立競技場の雰囲気と似てる気がする
それじゃあ登山口へ向かおうか
駅から徒歩5分だって
アクセスいいの最高だな！

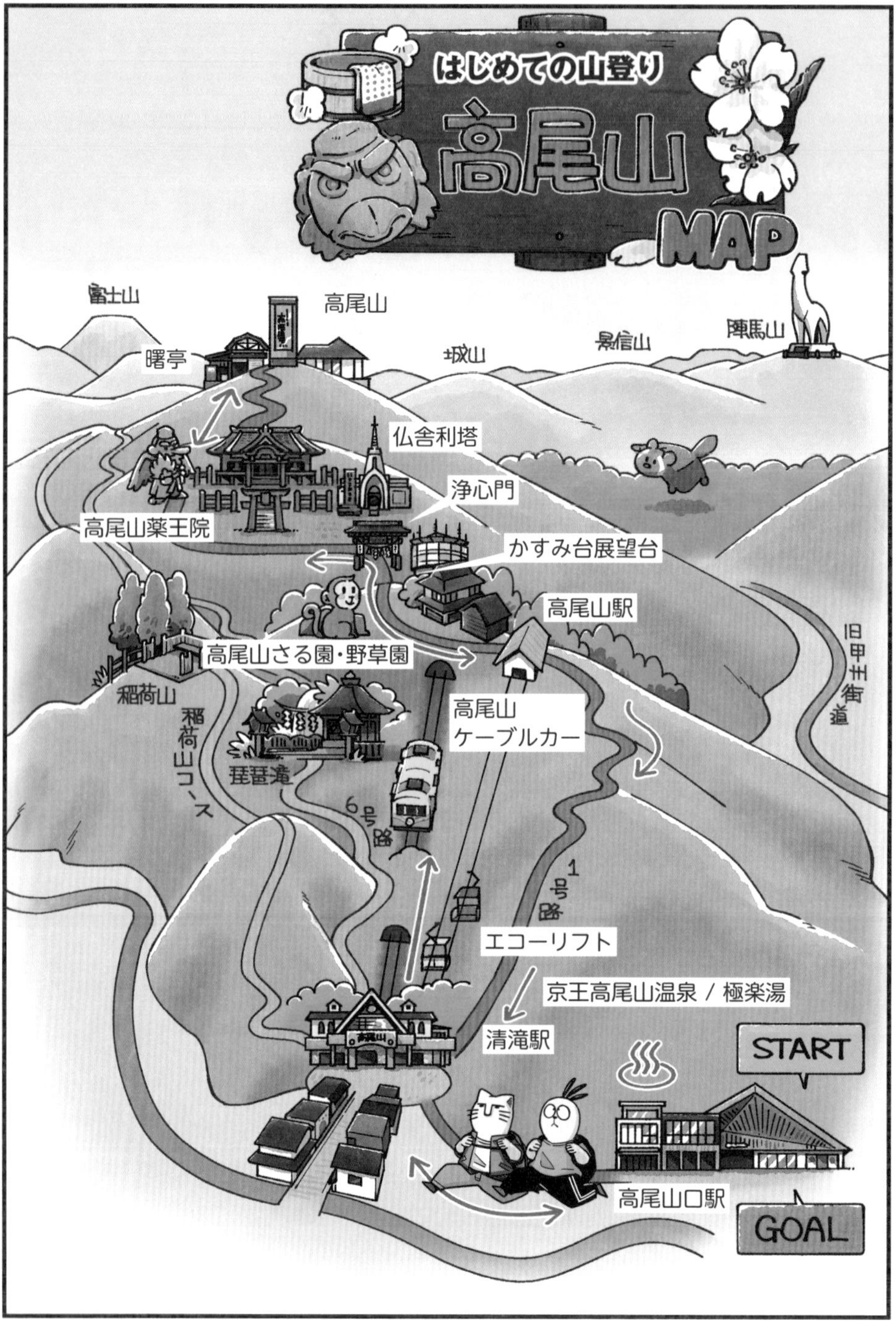

はじめての山登り
高尾山
MAP
富士山
高尾山
城山
景信山
陣馬山
曙亭
仏舎利塔
浄心門
高尾山薬王院
かすみ台展望台
高尾山駅
旧甲州街道
高尾山さる園・野草園
稲荷山
稲荷山コース
琵琶滝
高尾山
ケーブルカー
6号路
1号路
エコーリフト
京王高尾山温泉 / 極楽湯
清滝駅
START
高尾山口駅
GOAL

※2021年1月時点で1個130円

なんという食の誘惑!
だが楽しみは下山後まで取っておくんだ絶対に屈しないぞ!
屈してる屈してる
歩きはじめて数分でこのありさま
高尾山恐ろしい子
登山口にすら着いてないけどね?
1号路登山口に到着
さて…今日は高尾山で最も登山者が多く安全な1号路を登る予定だが
ケーブルカー&リフト乗り場
・6号路
・稲荷山コース
1号路
ビシッ
より楽をするためこの先にあるケーブルカーを使おう!
異論なし

[清滝駅]
ガヤガヤガヤガヤ
ケーブル カー エコーリフト
リフトのりば
にぎわってるねえ
登山者に
ファミリー
リア充カップル
そしてオタク二人
「登山者」のくくりでよいのでは？

高尾山のケーブルカーは
日本一の急勾配を誇り
一度に最大１３５人も運べます
我々は今日
「世界一」の山で
「日本一」のケーブルカーに乗り
MOMIJI
TAKAO TOZAN DENTETSU
「日本三大」天狗の待つ薬王院を目指している
……
ジーーー
肩書きをよくばりすぎでは？
ゴッ
ゴトッ
トン
[高尾山駅]
乗車時間6分
歩くと40分かかる距離の
ショートカットに成功
じゅごん氏はさっき食べた分下から歩いてもよかったんじゃない？
なるほど一理ある
だが断る
このじゅごん氏が最も好きなことのひとつは食べたら寝る家から出ない
その精神でよく山に登ろうなんて思ったね…

ケーブルカー高尾山駅からは自分の足で山頂を目指します
あの店すごい行列
なんだろ？気になるな
［高尾山展望レストラン］
天狗ドッグ
あらあらあら
［高雄山スミカ　天狗焼］
天狗焼
［高雄山スミカ　天狗屋］
高尾山チーズタルト
［高雄山スミカ　お土産処］
髙尾の天狗（日本酒）
あららららぁ〜
なんという食の誘惑！
だが楽しみは下山後まで取っておくんだ絶対に屈しないぞ！
屈してる屈してる

ケーブルカーの駅から1号路登山道に合流するとそこは八王子市街と都心を一望できる絶景スポット
ふふふ 俺たちの住む大都会東京がよく見えるぜ
じゅごん氏は神奈川県民でしょ
あれ スカイツリーじゃない？
うっすら
え？ どこどこ！ あーあれ？ うわマジだ！
ちなみに展望台の標高は488m 東京タワーより高くスカイツリーより低いです
スカイツリー 634m
高尾山山頂 599m
かすみ台展望台 488m
東京タワー 333m
もうすでに東京タワーより高い場所にいるんだなあ
というかスカイツリーヤバいな
時代が時代なら神からバベられて言語をバラバラにされちゃう

展望台から少し歩くと高尾山さる園・野草園が見えてきます
こんな山中に動物園!?
[高尾山さる園・野草園]
90頭もの猿が生活する大所帯のさる園
おやつをやったり飼育員さんのユーモアあふれる猿の紹介トークがとても楽しいです
この群れのボス猿はとてもやさしいんです
ウエストポーチからエサを盗んでいるサル
さる園の横にはたこの足のように曲がりくねった根っこが特徴の大きな杉があります
ちゅーちゅーたこかいな
[たこ杉]
たこ杉の足元で開運の儀式(?)
[開運ひっぱり蛸]
にゅるにゅるにゅる
たこ杉から少し歩くと浄心門が見えてきました
浄心門は薬王院の山門(三門)でここから先は寺や神社の境内であり聖域であることを示しています
また登山コースの「1号路」「3号路」「4号路」の分岐地点になります
間違えないよう注意しましょう
[浄心門]
我々は門をくぐればいいんだな?
1号路
3号路
4号路
額に何か書いてある
ヤママンキレイ?
霊氣満山
レイキマンザン(霊気満山)な

※生命力(霊気)が満ちあふれている意

浄心門をくぐると雰囲気が
がらりと変わり
参拝者を迎えるように
赤い灯篭が延々と続いています
夜に通ると趣がありそうだ
絵になるなあ 写真撮ろう
パシャ パシャ
……
そういえばじゅごん氏 最近絵は描いてる?
いやもう数年は描いてないかな…
え そうなんだ
…もう描かないの?
……そうだなあ
今はわからないや
そっか

活動時間と比例して上がりだすテンション
にゃも氏よ！今日の登山デビューはもう成功したようなものだな！
ハァ ハァ
HA HA HA
いえーい！
二人は早くもランナーズハイの状態になっていた…
でも確信するには早すぎない？
山頂はおろかまだ薬王院だって通過できてないぞ
フー…
いいやここまで歩いてみて理解したね
ケーブルカーで体力の温存
いくつもちりばめられた休憩所（茶屋）
どこまでも舗装＆整備された平坦続きの登山（参拝）道
我々が失敗する要素はない！
さすがじゅごん氏！なんという冷静で的確な判断力なんだ！

ななにーっ⁉
ここれは…⁉
さっきまでの平坦道はどこへ…？
これは1号路男坂の名物
「百八階段」
百八とは人間の煩悩の数
無欲に生きよという高尾山からのメッセージである
それにしては食の誘惑《グルメ》に力入れすぎじゃない？
手前の分岐に「女坂」もあります
こちらは穏やかな坂道で上で合流します
男坂
女坂

膝が突っ張って歩きづらい
デニムって登山向けではないのでは？
登山向けだと思っていたことが驚きなんだけど…
ぎっ
ぎっ
だってカウボーイもはいてるし
ハァ ハァ
西部開拓時代！
ハァ ハァ
ハァ ハァ
カウボーイは登山しないでしょ
登山服装メモ
ジーンズのように綿が多く使われている服はNG
・汗が乾きにくい
・ストレッチ性が低い
・重い
といったデメリットが多く場合によっては命に関わることも
登山には
・汗が乾きやすい
・ストレッチ性のある
・軽い
といった速乾素材（化学繊維）の服がオススメです
私は上下とも速乾素材で揃えてきたから快適！
化繊Tシャツ
ジャージ
にゃも氏ずるいぞ！
ずるくはない
そうか！
ハッ
つまり今俺がめちゃくちゃしんどいのは服装のせいってことか！
ハァハァ
いやそれは運動不足

百八階段を登りきると目の前に石の門が現れる
三密とは体と言葉と心の働きのことで煩悩の元です
苦抜け門
三密の道
ハァハァ
男坂の苦しみから抜けさせてくれるのだろうか？
してくれないと思う
[苦抜け門]
ゴチン
花崗岩ッ！
門をくぐる時は頭をぶつけないように注意しましょう
目から火花が出るほどの痛みと衝撃が襲います
ぐおおおおおおおお
門の先には異国風の白い建物が
[仏舎利塔]
ここだけ異質すぎて立ち入っていい場所なのか不安になるな
妙な静けさ
後日調べてみた
お釈迦様の遺骨（仏舎利）が納められている塔です
はえ～想像以上に神聖な場所！
塔の敷地を抜けると男坂の疲れを労うように茶屋が姿を現します
[権現茶屋]
権現茶屋
……もう何も言うまい
火照った体に冷やしきゅうり（夏季限定）は大変美味でした
カカカカカ
ポリ
ポリ
ポリ

参拝道って感じの景色になってきた
杉苗奉納者の名前の書かれた板と樹齢700年といわれる都指定天然記念物の杉
屋久島の縄文杉で何年だっけ？
7000年とかじゃなかった？
AM10:00
[高尾山薬王院]
薬王院到着！
ハァハァ
え？まだ中間地点？もうここが山頂でいいのでは？
ハァハァ
自分たちがここまで体力貧弱なのは想定外だった
クワッ!!
バッカモーン！山頂まで歩かんか
高尾天狗様!?
って言われてる気がする
今の天狗様波平の声で再生されたんだけど？

薬王院は仏教と神道が融合した神仏混合の姿が残っています
本堂と本社の2か所にお参りして
山頂へ向かおう
階段きっつ
あこれ見たことあるな
お線香 一束 百円
京都の清水寺でもやったことあるね
この煙で身を清めてから本堂に入るんだ
[常香炉]
[本堂]
念入りに清めておこう
我々の心はあまりに汚れている
燻製の気持ちになるんですよ
ゴゴゴ…
そして
ゴゴゴゴゴゴゴゴ
天狗様方のお面に挟まれながら参拝
左右からの圧がすごい…

本堂の次は本社へ向かいます
本堂の屋根
まーた階段か…
ハァ ハァ
ハァ ハァ
本堂ほどの豪華さはないけど趣あっていいねえ
[本社]
本社での参拝が済んだら薬王院での予定はこれで終了です
それじゃあ山頂に向かいますかあ
高尾山方面
OH…
ところでじゅごん氏は本堂や本社で何をお願いしたんだい？
ふふふ…そりゃあ
早くこの階段地獄が終わりますように…かな
ハァ ハァ

3つ目の階段を登りきり
最後に境内最古のお堂を
通り過ぎると
[奥之院]
薬王院最古の建物
[飯縄権現社山道テラス]
うおお
やった
ベンチがある
ハァ
ハァ
人生ではじめて
ベンチに感謝を伝えた
ありがとう
ございます
ありがとう
ございます
ガク
ガク
ガク
ガク
ガク
うお!
じゅごん氏
シャツが
汗ですごいことに
なってるな
そうなんだよ…
あれからずっと
汗が全然
乾かなくてさあ
べちょ
べちょ
やっぱり
綿って
乾きにくい
んだなあ
そんで
もって
センシティブ!!
休んでたら
今度は寒く
なってきた!
それは
汗冷え
というやつ!
ぶるぶる
汗冷えは休憩や停滞時といった
体を動かしていない時に
起こります

テラスから先は
山頂までなだらかで
静かな山歩きが続きます
歩きはじめたら
汗冷えは
おさまってきた
それは
よかった
肌に
木漏れ日を浴びて
土の匂いを嗅ぎ
大地を踏みしめ
葉ずれの音に
耳をすませる
心地よい時間
こんなにも
自然を身近に
感じるのは
いつぶりだろう
※三重のど田舎育ち
故郷を離れて十数年
思えば遠くへ来たもんだ
海援隊？
心の声を
読むのやめて
もらえます？
そして二人が
登山開始してから
約2時間が経過
ここは本当に
東京なのだろうか？

じゅごん&にゃも
高尾山登頂
富士山だ！
山頂から見えるの知らなかったからサプライズご褒美！
下調べが甘かったともいう
パァァァァァ

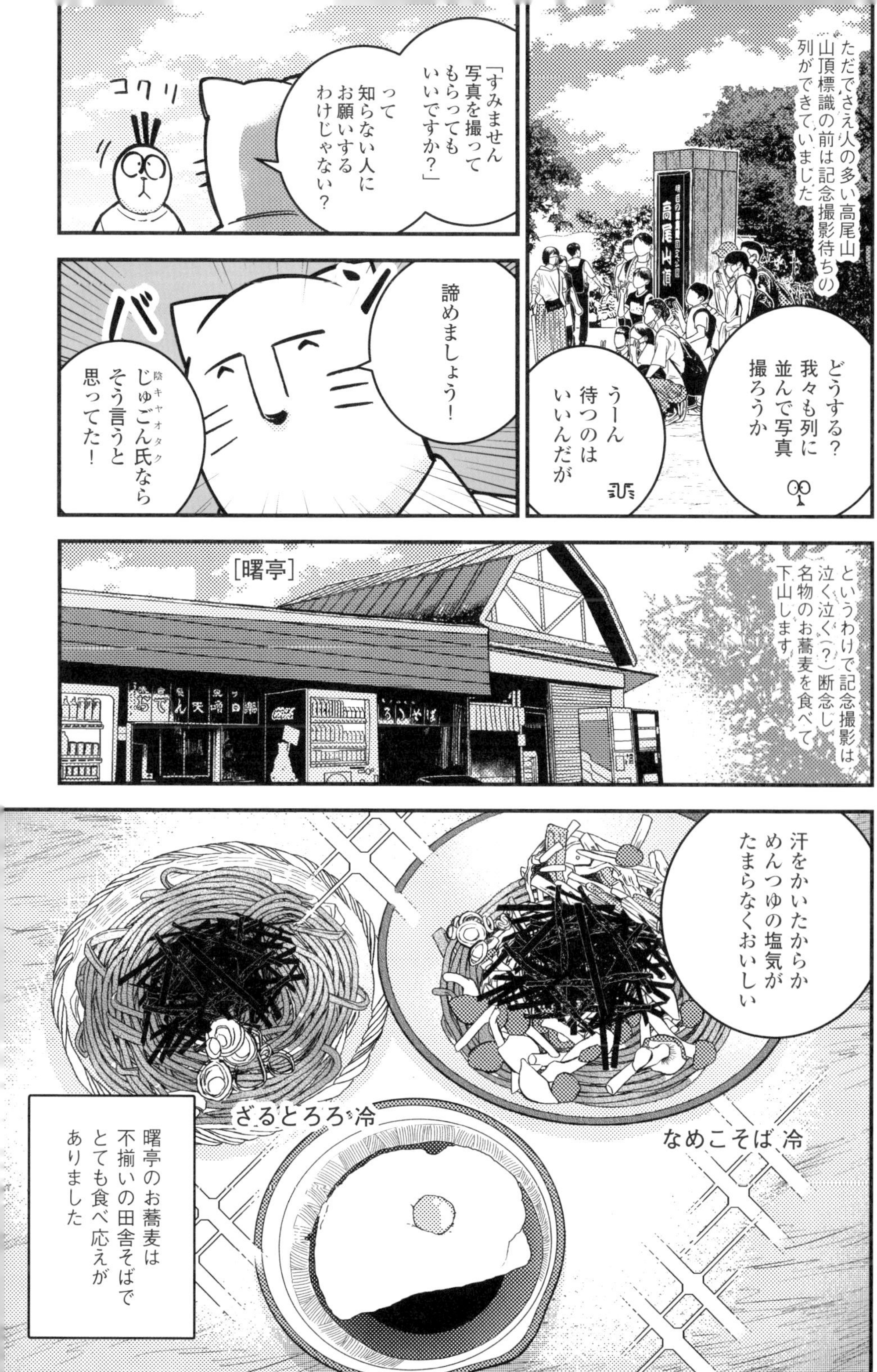
ただでさえ人の多い高尾山山頂標識の前は記念撮影待ちの列ができていました
高尾山頂
どうする？我々も列に並んで写真撮ろうか
うーん待つのはいいんだが
「すみません写真を撮ってもらってもいいですか？」って知らない人にお願いするわけじゃない？
コクリ
諦めましょう！
パ
じゅごん氏《陰キャオタク》ならそう言うと思ってた！
というわけで記念撮影は泣く泣く(？)断念し名物のお蕎麦を食べて下山します
[曙亭]
汗をかいたからかめんつゆの塩気がたまらなくおいしい
ざるとろろ 冷
なめこそば 冷
曙亭のお蕎麦は不揃いの田舎そばでとても食べ応えがありました

気になっていた別のコースを使っての下山を提案してみる
6号路を使って下山してみない？
大丈夫かねえ 1号路と違って茶屋がひとつもない本格的な登山コースみたいだけど？
高尾山6号路は「水のみち」とも呼ばれ沢沿いを歩くコース
沢の飛石の上を歩くエリア
水行で有名な琵琶滝
高尾山のなかでも水と自然あふれる大人気のルートです
スニーカーで沢歩きは荷が重くない？
びしょんぬ
非防水
たしかに…替えもないし濡れたら悲惨だ
※6号路は実際に水で滑りやすく土や泥でよく汚れるので登山靴推奨です
それに我々のような登山経験のない初心者は
安易に計画を変えて行動をすべきではない！
ぐうの音も出ない
ド正論!!
登山靴…欲しくなってきたなあ
メラメラメラ
オタクの物欲に火がついた瞬間だった
熱い…

山頂から40分
ケーブルカー高尾山駅に到着
高尾山駅
おお
我が愛しの
ケーブルカー
こらこら
ぐわしっ
ヨロ
ヨロ
計画どおり
ケーブルカーを
使わずに
麓まで歩こうな
やだー！
ケーブルカー
使いたい～
ズルズルズル
そして40分後
1号路登山口到着
下山ッ！
おつかれ山～！
……
ハァハァ
ハァハァ
ほんと
疲れた
1号路登山口から
ケーブルカー高尾山駅の区間は
きれいに整備されていますが
高尾山で最も脚に負担のかかる
登山道だと思います
（個人の感想です）
登りで
歩かなくて
よかったな…
下山後は汗を流しに温泉へ
入口は高尾山口駅構内と
アクセス抜群！
京王高尾山温泉
極楽湯
ゆ
ほんと
なんでも
揃ってるな

京王高尾山温泉
極楽湯
［京王高尾山温泉／極楽湯］
汗だくの登山ウェアから解放される喜び
ガヤガヤ
綿Tとデニムは登山ウェアとはいわないから
あ～ヌルヌルの温泉きもちい～
地下約1000mから湧き出るアルカリ性のお湯は美肌の湯といわれ登山と疲れを癒してくれます
カポーン
今日はとても長い一日だったなあ…
ケーブルカーに猿の動物園お寺や神社にパワースポットグルメや名物蕎麦眼下に広がる東京の街並み絶景の富士山温泉後にビール
うとうと
なんていうかいろいろありすぎて
（山の）テーマパークに来たみたいだぜ
TOKYO TAKAO RESORT
高尾山 599
東京高尾リゾート
T T R
テンション上がるな～

今日は「楽しく安全に登山体験！」って感じだったね
[高尾山口駅]
ゲームに例えると チュートリアルをプレイした感覚に近い？
ガタンゴトン ガタンゴトン
そうそう 途中リタイアしないよう親切設計なの
ガタンゴトン
それでじゅごん氏 チュートリアルをプレイしてみてどうだった？
うーん そうねえ
ガタンゴトン
メラ メラ メラ
もう少しこの登山って遊び《ゲーム》をやり込んでみたくなったぜ！
まず手始めに高尾山の他のコース そして近くの低山から！
じゅごん氏のやる気が燃え盛っている！
それじゃあ まずは速乾素材の服と
登山靴を買わないとね
プァ
はい

登山者数世界一を誇る東京の山

高《たか》尾《お》山《さん》

（東京都）

東京都八王子市にあり、登山口である京王線高尾山口駅まで新宿から最短43分という交通アクセスに恵まれた高尾山。関東では登山をはじめるならまずは高尾山というくらい有名な山で、２００７年にミシュランガイドの観光部門で最高ランクの三ツ星に、２０２０年には日本遺産に選定され、年間約３００万人が訪れる世界一登山者が多い山である。

ケーブルカーまたはリフトで中腹まで行くことができ、１～６号路の自然研究路、稲荷山コースなどを組み合わせた多彩なコース設定で、レベルに応じた登山が可能だ。今回紹介する1号路はコース全体が舗装されていて、スニーカーでも登ることができ、茶屋や売店に立ち寄るのも楽しい。

７４４年に行基によって開山された高尾山薬王院有喜寺は飯縄大権現を本尊とし、随身《ずいじん》（お供という意味）の天狗をモチーフにした天狗焼も有名。現在は国有林として保護されている森は１６００種類以上の豊かな植生に恵まれており、春はスミレなどの花々、秋は紅葉、冬はシモバシラという植物を楽しめる。12月中旬に山頂付近で見られるダイヤモンド富士も人気が高い。

季節カレンダー

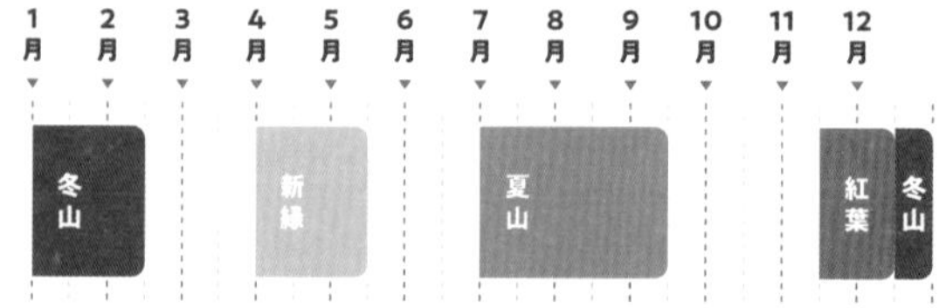

DATA

所在地	東京都八王子市
標高	599m
累積標高	上り261m 下り538m
歩行距離	5.9km
歩行時間	2時間39分
無雪期	3月～11月
開山日	なし

スタート地点までのアクセス

電車・バス　京王線新宿駅から特急に乗り高尾山口駅下車

車　首都圏中央連絡自動車道高尾山 IC から国道20号経由で高尾山口駅へ。駅周辺の駐車場を利用

体力度	★☆☆☆☆
技術度	★☆☆☆☆
絶景度	★★☆☆☆
グルメ度	★★★★★
アクセスのしやすさ	★★★★★

じゅごん MEMO

最初の山に高尾山を選んだのは大正解でした。運動不足のインドアオタクでも適度な疲労感と達成感を味わうことができます。1回の登山ではとても遊びきれないので次は別のコースで…、今度はあのグルメを…と理由をつけて年に何度も足を運び続けることになりました。もう20回近く登っています。

初心者のための基礎知識

服装編

レイヤリング（重ね着）が基本

登山の服装は環境や自分の体温の変化に合わせてウェアを組み合わせるレイヤリングが基本。汗をかく前に脱ぎ、冷える前に着るようにして自身の体を冷やさずドライに保つことが大切。レイヤリングの基本はベースレイヤー、ミッドレイヤー、アウターレイヤーの３層構成。肌に直接触れるレイヤーをベースレイヤーと呼び「汗を素早く吸い上げ発散させる」機能が求められる。綿素材は汗を吸収して乾きにくいので避け、吸水性・速乾性に優れたポリエステルがオススメ。中間に着るのがミッドレイヤーで「保温」が目的。夏場はソフトシェル、冬場はフリースやダウンが挙げられる。一番上に着るのがアウターレイヤーで、目的は「防水・防風」。レインウェアが含まれる。

暑い時期は紫外線から守るため、帽子やサングラスを着用するとよい。岩場・鎖場での手の保護のためグローブも持っておきたい。

高尾山コースMAP

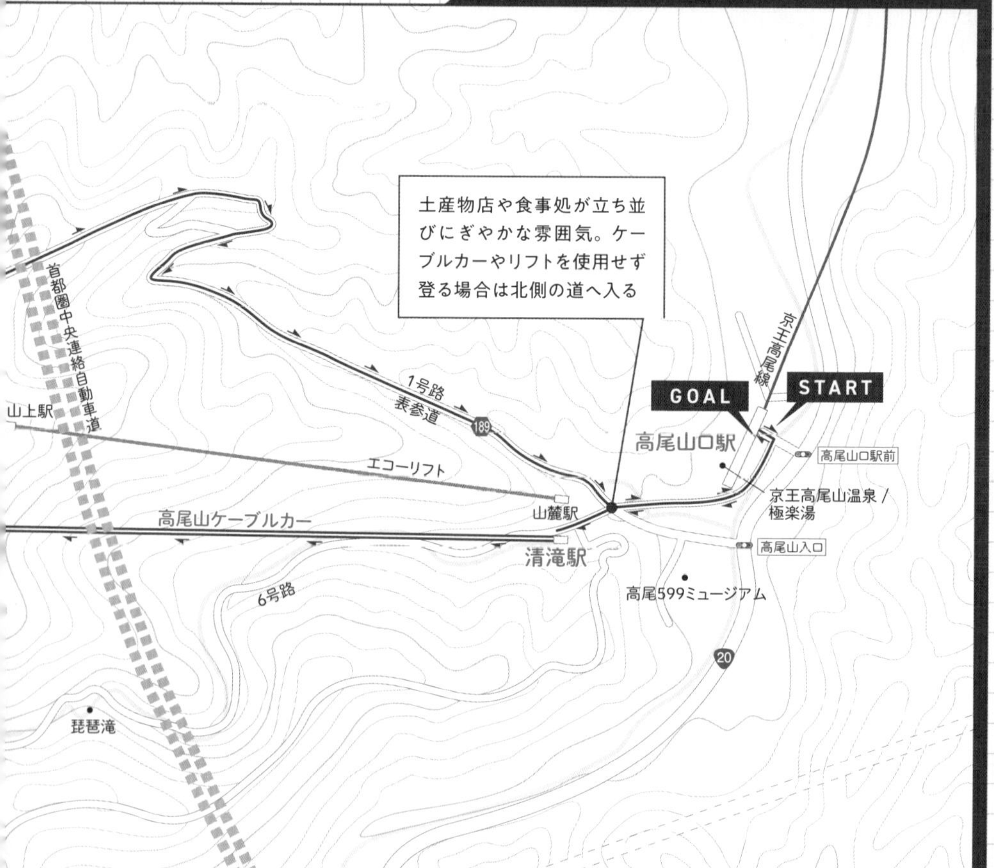
土産物店や食事処が立ち並
びにぎやかな雰囲気。ケー
ブルカーやリフトを使用せず
登る場合は北側の道へ入る
首都圏中央連絡自動車道
山上駅
1号路
表参道
189
エコーリフト
山麓駅
高尾山ケーブルカー
清滝駅
6号路
京王高尾線
GOAL
START
高尾山口駅
高尾山口駅前
京王高尾山温泉／
極楽湯
高尾山入口
高尾599ミュージアム
20
琵琶滝
高尾山IC
N
0
500m

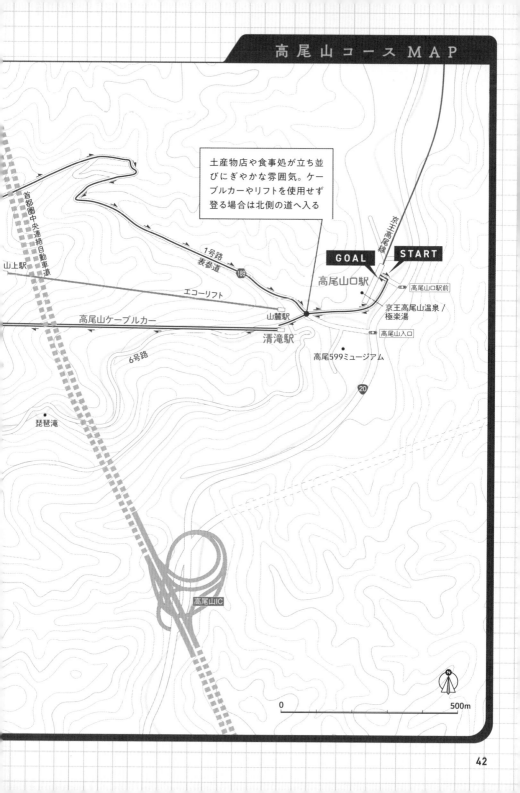

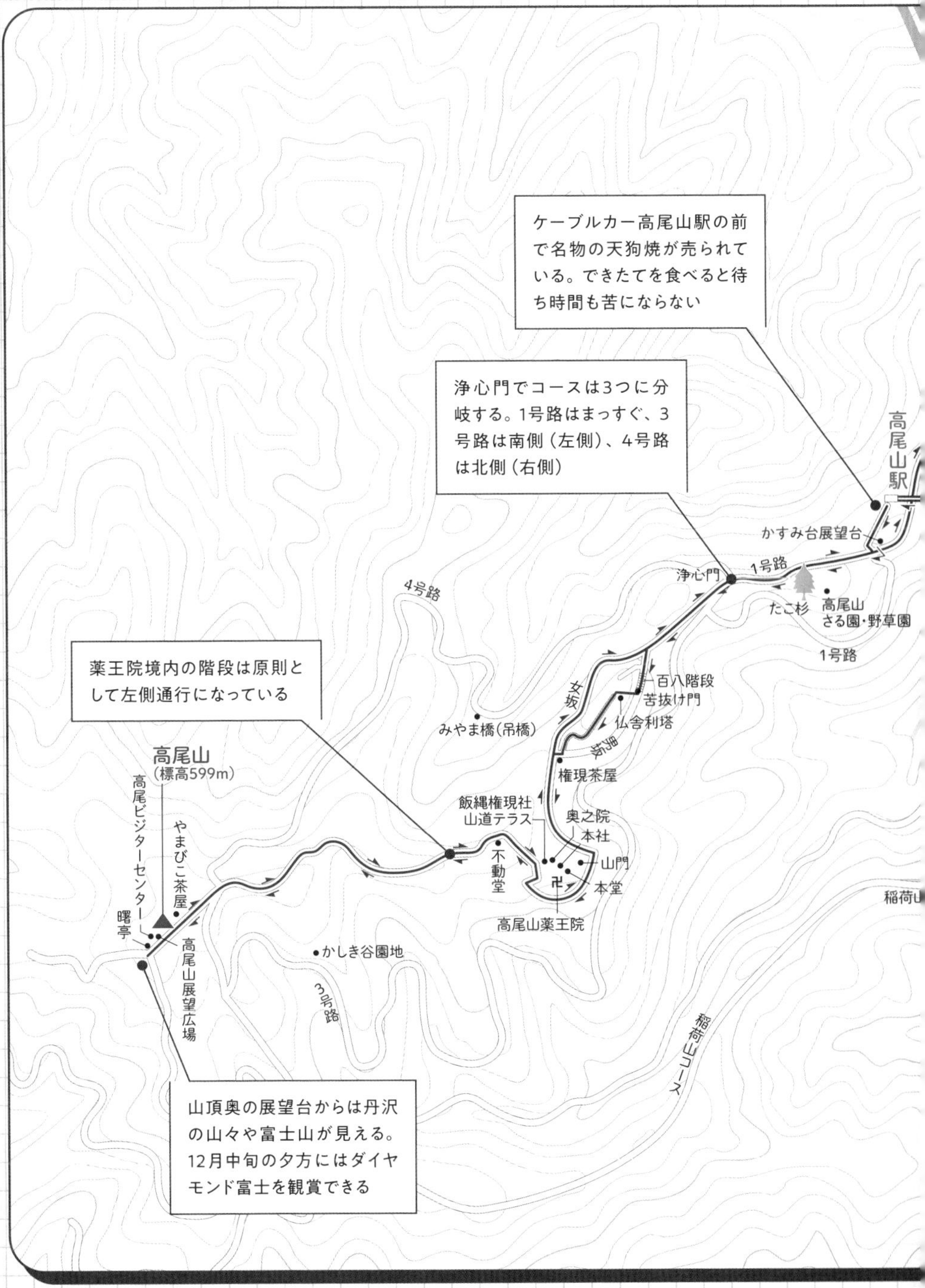

ケーブルカー高尾山駅の前で名物の天狗焼が売られている。できたてを食べると待ち時間も苦にならない
浄心門でコースは3つに分岐する。1号路はまっすぐ、3号路は南側（左側）、4号路は北側（右側）
高尾山駅
かすみ台展望台
1号路
浄心門
たこ杉
高尾山さる園・野草園
1号路
4号路
薬王院境内の階段は原則として左側通行になっている
百八階段
苦抜け門
女坂
男坂
仏舎利塔
みやま橋（吊橋）
権現茶屋
高尾山
（標高599m）
高尾ビジターセンター
やまびこ茶屋
飯縄権現社
山道テラス
奥之院
本社
山門
本堂
不動堂
高尾山薬王院
稲荷山
曙亭
高尾山展望広場
かしき谷園地
3号路
稲荷山コース
山頂奥の展望台からは丹沢の山々や富士山が見える。12月中旬の夕方にはダイヤモンド富士を観賞できる

安全登山を
見守っておるぞ!

やさしく
なでてね♡

八王子の観光大使
サブちゃんです!

撮影は順番待ちと
なっておりま~す

❶高度感のあるリフトなので、高所恐怖症は注意❷日本一の急勾配を誇るケーブルカーに乗って清滝駅から高尾山駅へ❸薬王院はいつも参拝客でにぎわっています❹高尾山さる園・野草園もかなり楽しい!❺猿にも個性があっておもしろい

❻男坂！南無飯縄大権現！煩悩よ去れ！❼平均樹齢700年の杉に圧倒されます。「天狗の腰掛け」という巨大杉は必見❽展望台。暑い季節はビアガーデンに大変身❾お釈迦様の遺骨（本物?）が納められているそうです❿もはや親の顔より見た駅かも…⓫味噌の二度づけは禁止やで〜⓬不揃いの田舎そば！食べ応えがありますねえ⓭実は下山中に天狗ラーメンを食べているのです…

おまけマンガ

こまちゃん参戦

・高尾山（2回目）
・鎌倉アルプス
・金時山
・丹沢大山
高尾山をきっかけに二人は毎週のように東京や神奈川の山に登るようになっていた
テテテテ
にゃも氏
このマンガには〝華〟が足りない
ハナ…
花ならそこにマルバダケブキが咲いているぞ?
花言葉は純情!
ってそうじゃあない!
つまり一緒に登山をしてくれるかわいいガールフレンドが欲しいんだな
ゴゴゴ
そうだよカップル登山ねたうらやましい!
だが我々は陰キャオタク
そのハードルはエベレストよりも高い
8848.86M
チョモランマァ…
ならば想像《クリエイト》するまでよ
タブレット
シャカ
シャカ
シャ
ズズズズズ…
わーい
イマジナリー山ガールフレンド!?（非実在山ガール）
こまちゃん参戦!こうしてじゅごん氏は数年ぶりに筆をとり創作活動に勤しむようになったのだった
※マンガ家はみな持ってる能力です

第2座

Let's start mountain climbing from today!

はじめての縦走

（東京都・神奈川県）

標高 855m　標高 727m　標高 670m　標高 599m

陣《じん》馬《ば》山《さん》〜景《かげ》信《のぶ》山《やま》〜城《しろ》山《やま》〜高《たか》尾《お》山《さん》

5月中旬――
こちら コードネーム にゃもC
奥高尾の城山のなめこ汁が絶品だという情報を入手した
こちらじゅごんC 了解した！ ただちに週末に登る
じゅるり…
週末
というわけで登ってまいりました
陣馬山！
AM9:30 [陣馬山山頂]
ひゃっほー!!
東京都と神奈川県の境に位置 都心からのアクセスもよく 週末になると多くの登山者が 訪れる人気の高い山です 山頂が開けており 戦国時代に小田原北条氏と甲斐武田氏が 対峙した場所と伝えられ 陣場(馬)山といわれるように なったそうです
あれ？

[陣馬山頂
清水茶屋]
陣馬山頂 清水茶屋のなめこ汁は
お味噌汁にたっぷり入った
なめことネギ
刻みゆずの香りが特徴です
汁で冷えたから 七味をたっぷり 入れよう
ところで じゅごん氏
なぜ我々は 城山ではなく 陣馬山でなめこ汁を 食べているんだい？
おいしいけど
うむ にゃも氏よ よくぞ聞いて くれた！
奥多摩・奥高尾は なめこ汁が 絶品と噂される 山小屋（茶屋）が多い
この 清水茶屋の なめこ汁も そのひとつ
絶品
絶品
絶品
たしかに おいしい
だから やることに したんだ
ごちそうさまでした
やるって 何を？
奥高尾 なめこ汁縦走！
なめこ汁縦走!?

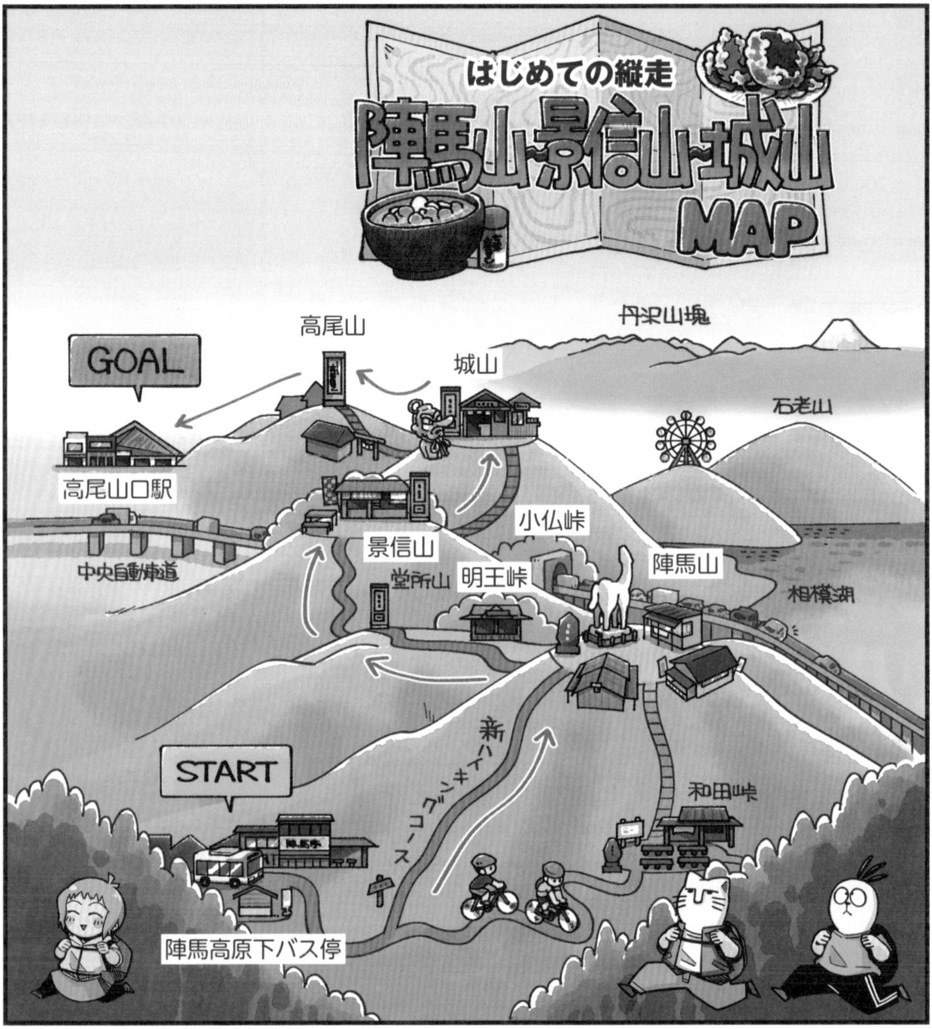

はじめての縦走
陣馬山→景信山→城山 MAP

GOAL

高尾山口駅

中央自動車道

高尾山

城山

景信山

堂所山

小仏峠

明王峠

陣馬山

丹沢山塊

石老山

相模湖

和田峠

新ハイキングコース

START

陣馬高原下バス停

陣馬高原下バス停→高尾山口駅
総距離17km
コースタイム約7時間（休憩除く）

東京タワー
333m

スカイツリー
634m

高尾山口駅
191m

高尾山
599m

城山
670m

小仏峠
548m

景信山
727m

明王峠
739m

陣馬山
855m

陣馬高原下
バス停
327m

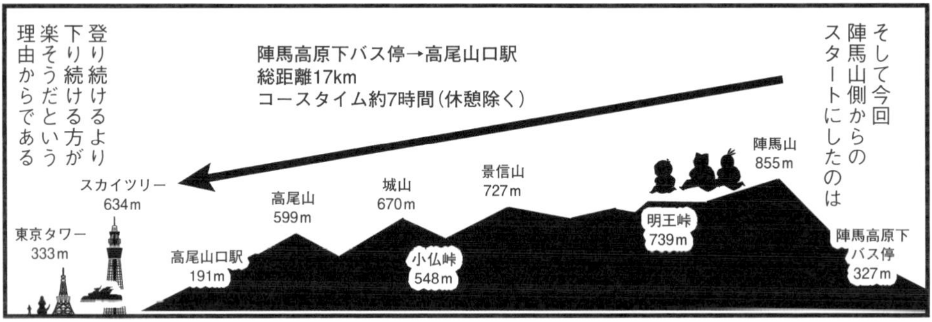

そして今回陣馬山側からのスタートにしたのは

登り続けるより下り続ける方が楽そうだという理由からである

次のなめこ汁は景信山
陣馬山から2時間半かかるみたい
陣馬山
景信山
今回の縦走ルートのほぼ中間地点だな
それにしても便利だな〜YAMAP
現在地が確認できるのは安心感あるよね今回のような距離の長い登山は特にね
現代の登山において登山GPSアプリは必須装備になりました道迷いのリスクを減らすためしっかり活用していきましょう
AM10：30
30分の休憩を経て陣馬山を出発
緩やかで歩きやすい屋根道が続きます
変な枝の木！
ときどき現れる親切な石板
関東ふれあいの道
6.4km
上りと下りどちらからも残りの距離がわかるようになってるのか
なるほど考えて作られてるなぁ
つまり我々は高尾山口まで残り14㎞！
頑張って歩くぞ〜！
お〜！

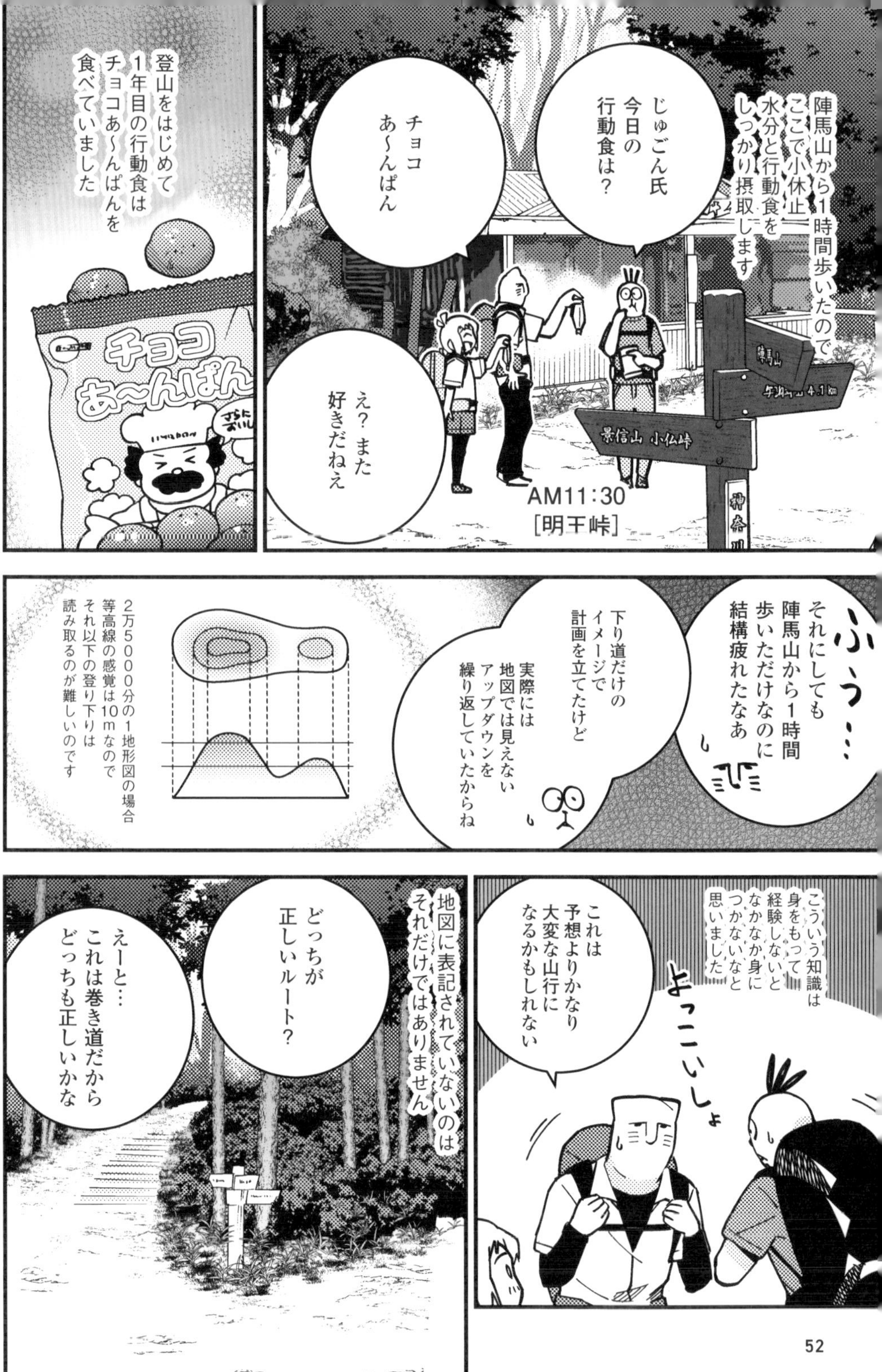

陣馬山から1時間歩いたので ここで小休止 水分と行動食を しっかり摂取します
じゅごん氏 今日の 行動食は？
チョコ あ～んぱん
え？ また 好きだねえ
陣馬山
景信山 小仏峠
神奈川
AM11:30 [明王峠]
登山をはじめて 1年目の行動食は チョコあ～んぱんを 食べていました
チョコ あ～んぱん
ふぅ…
それにしても 陣馬山から1時間 歩いただけなのに 結構疲れたなあ
下り道だけの イメージで 計画を立てたけど
実際には 地図では見えない アップダウンを 繰り返していたからね
2万5000分の1地形図の場合 等高線の感覚は10mなので それ以下の登り下りは 読み取るのが難しいのです
こういう知識は 身をもって 経験しないと なかなか身に つかないなと 思いました
これは 予想よりかなり 大変な山行に なるかもしれない
よっこいしょ
地図に表記されていないのは それだけではありません
どっちが 正しいルート？
えーと… これは巻き道だから どっちも正しいかな

巻き道とは登りを避けて迂回するルートのことをいいます
体力を温存したい場合は積極的に使いましょう
陣馬山～高尾山間は大小含めて巻き道が多く縦走初心者にはオススメとされています
巻き道
どうする？じゅごん氏
この登りの先にまだ見ぬ絶景が広がっているかもしれない
登らぬ後悔より登って後悔…
景信山まで巻き道は使わない
登ろう！
のちの彼はこう語る
あの区間《陣馬山～景信山》は巻き道多用でいいんじゃないかなあ…
※個人の感想です
こうして登っては下り下っては登り
絶え間なく続く多種多様なアップダウンを歩くこと2時間
あ～それそれ
景信山に到着する頃には右足とお尻のつけ根の疲労がすごいことになっていた
ズキズキ
無意識に利き足ばかりを酷使してたかも…

景信山のなめこ汁は
不揃いで大きななめこが
たくさん入っていて
食感がとても楽しいです
PM1:30
[景信茶屋 青木]
※景信茶屋 青木は城山へ移転し 2024年3月から営業とのこと（店名:青天狗）
景信山には他にも茶屋があるのでなめこ汁を探してみよう！
不揃いなのは原木栽培のなめこを使っているからでしょうか？
原木栽培 イメージ
※スーパーで見るのはほとんど菌床なめこ
うまい！
こんな食べ応えのあるなめこははじめてだ！
おでん
陣馬山から3時間かけて歩いてきたかいがあるねえ
3…時間……？
ピタ
ハッ
ヘッヘッヘッヘッヘッヘッヘッヘッヘッヘッ
3時間かけてやっと折り返し地点……？
はい そういうことになります
※こちらは景信茶屋 青木の看板犬
ラブラドールレトリバーのモモちゃん
ヘッヘッヘッヘッヘッヘッヘッヘッヘッヘッ
景信山ってたしか直接下山できるコースもあったよね？
おっとぉ？じゅごん氏の心が折れかけているぅ
景信山
標高 727m
陣馬山〜高尾山縦走はエスケープルートを使いやすいのも初心者向けといわれるゆえんです

気を取り直し景信山を出発
次はいよいよ今回のなめこ汁縦走の発端となった城山に向かいます
PM2：00
とその前にあの有名な小仏峠を通過するぞ
へーそんなに有名な峠なの？
小仏峠の下にはニュースでもよく取り上げられる中央自動車道小仏トンネルが通っています
小仏トンネル
Kobotoke Tunnel
「渋滞の名所」で知られ連休の最終日の渋滞はひどい時は20kmはざらで30kmにも及ぶことも
今日もきっと渋滞しているだろうなあ
その上を歩くと思うとワクワクしないかい？
ハァハァ
え？そうかな？
40分後小仏峠に到着
意外にも静かで落ち着いた空間で車の気配も感じません
今日一番下ったんじゃない？
たしかに！下山もいよいよって気がしてくるね
PM2：40
［小仏峠］
気がしただけでした
下った分登らされている…
地図の等高線を見たらわかることですね
景信山
727m
城山
670m
小仏峠
548m

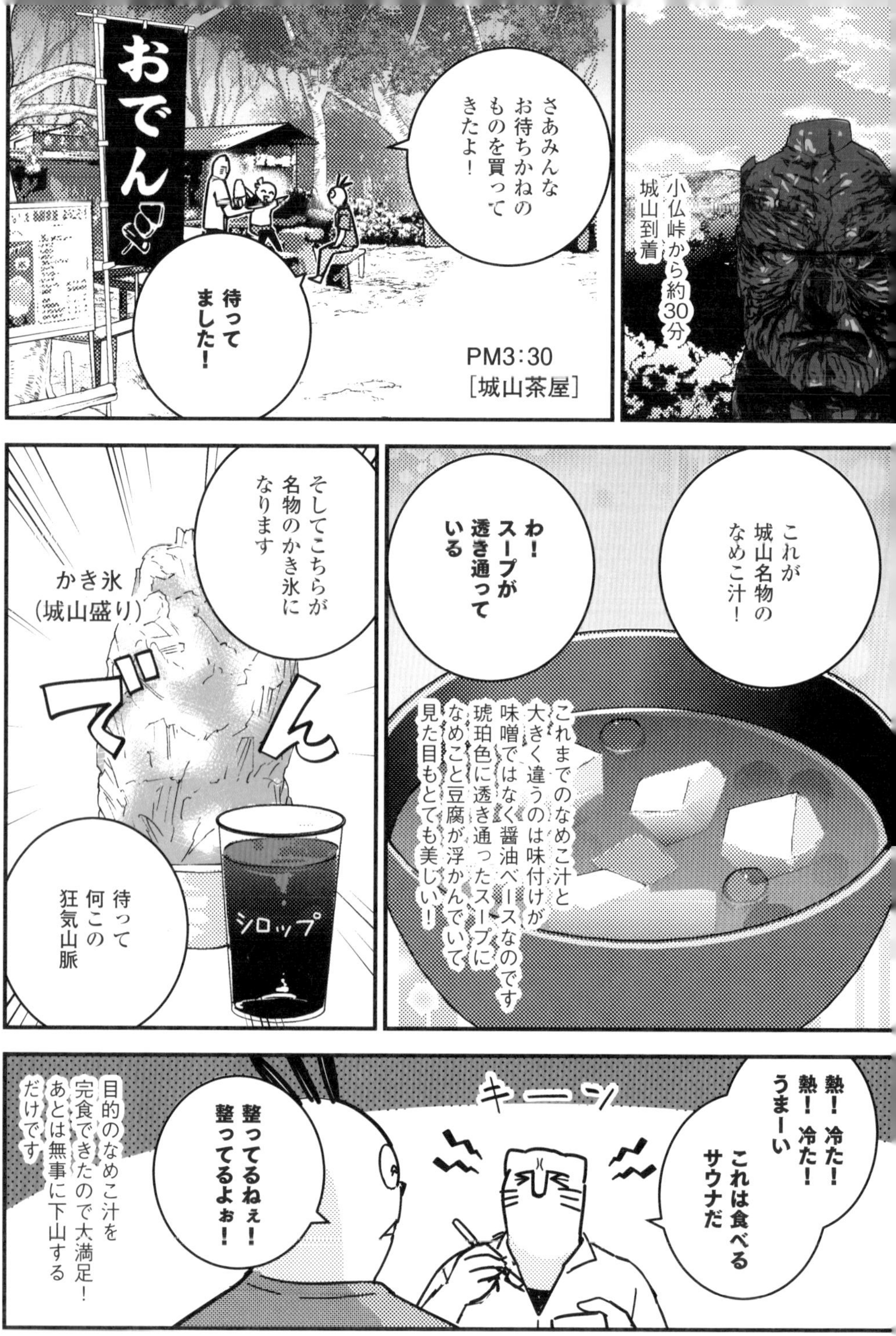
小仏峠から約30分
城山到着
さあみんなお待ちかねのものを買ってきたよ!
待ってました!
おでん
PM3:30
[城山茶屋]
これが城山名物のなめこ汁!
わ! スープが透き通っている
これまでのなめこ汁と大きく違うのは味付けが味噌ではなく醤油ベースなのです
琥珀色に透き通ったスープになめこと豆腐が浮かんでいて見た目もとても美しい!
そしてこちらが名物のかき氷になります
かき氷
(城山盛り)
でん
シロップ
待って何この狂気山脈
熱! 冷た! 熱! 冷た! うまーい
これは食べるサウナだ
キーーン
整ってるねぇ! 整ってるよぉ!
目的のなめこ汁を完食できたので大満足! あとは無事に下山するだけです

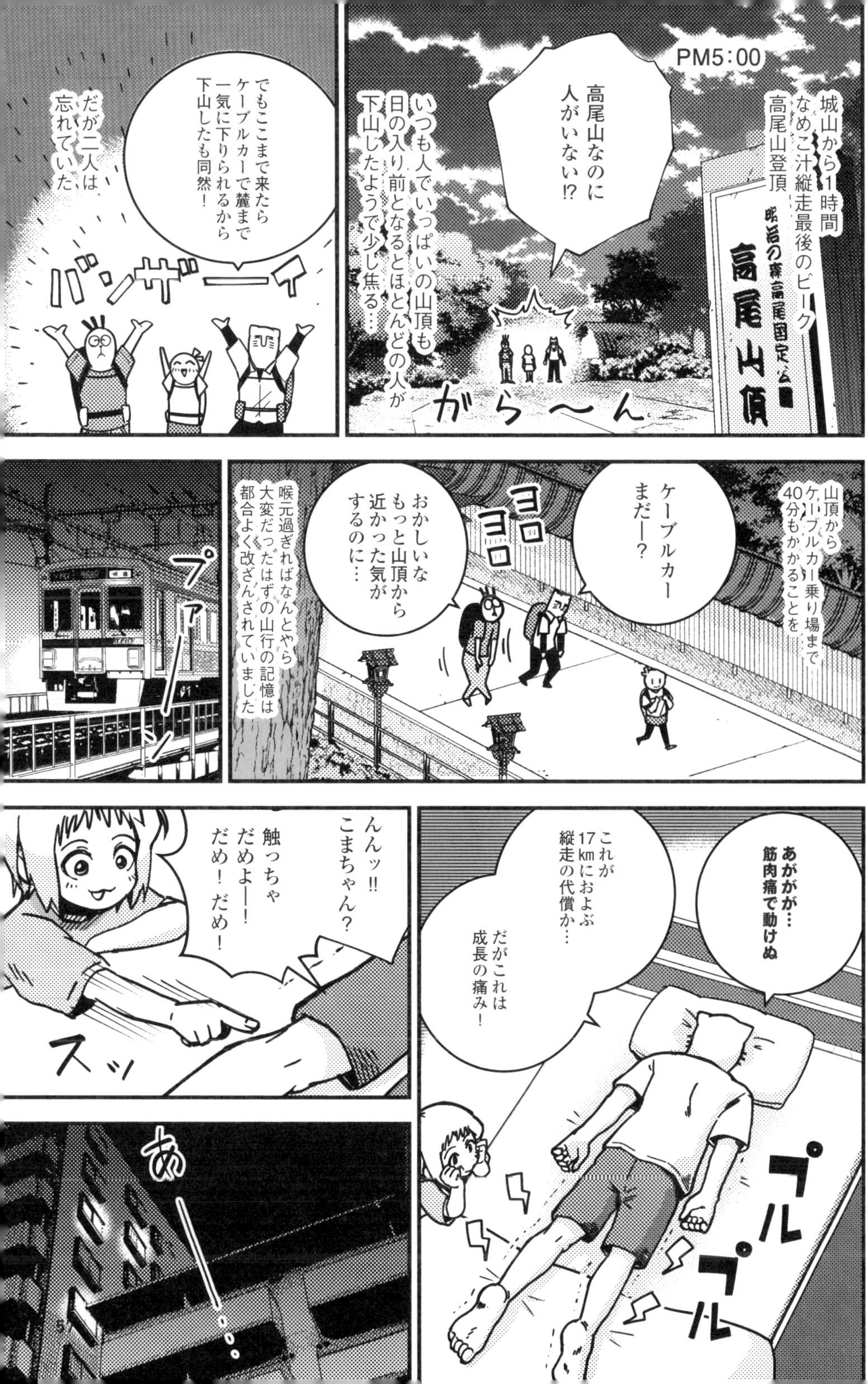
城山から1時間
なめこ汁縦走最後のピーク
高尾山登頂
PM5:00
明治の森高尾国定公
高尾山頂
高尾山なのに人がいない!?
いつも人でいっぱいの山頂も日の入り前となるとほとんどの人が下山したようで少し焦る…
がら〜ん
でもここまで来たらケーブルカーで麓まで一気に下りられるから下山したも同然!
だが二人は忘れていた
バンザーイ
山頂からケーブルカー乗り場まで40分もかかることを
ケーブルカーまだー?
ヨロヨロ
おかしいな もっと山頂から近かった気がするのに…
喉元過ぎればなんとやら 大変だったはずの山行の記憶は都合よく改ざんされていました
プァーン
あがががが… 筋肉痛で動けぬ
これが17㎞におよぶ縦走の代償か…
だがこれは成長の痛み!
プルプル
んんッ!! こまちゃん?
触っちゃだめよーー! だめ! だめ!
スッ
あーー…

縦走初心者にオススメの奥高尾縦走路

陣《じん》馬《ば》山《さん》〜景《かげ》信《のぶ》山《やま》〜城《しろ》山《やま》〜高尾山

（東京都・神奈川県）

陣馬山から景信山、城山（小仏城山）を経由して高尾山まで縦走するコースは奥高尾縦走路と呼ばれており、多くのハイカーやトレイルランナーに人気のコースだ。

陣馬山は関東百名山に選定されている山で、山頂は広い草原になっていて展望がよい。景信山は奥高尾縦走路の中間地点にあり、週末のみ営業している茶屋では山菜の天ぷらやなめこ汁が名物。城山は高尾山の隣で、なめこ汁はもちろん、おでんやかき氷も有名。

登山道は整備されていて歩きやすく、危険箇所がほとんどなく、それぞれの山頂付近にはトイレや茶屋があり休憩しやすい。天候悪化やアクシデント時に途中下山できるエスケープルートも充実しており、縦走の初心者がチャレンジしやすいコースといえる。

また、所々にピークを通らない「巻き道」ルートがあり、体力を温存できる。陣馬山から高尾山までの場合、歩行距離は約17kmになり、累積標高差は１２００m以上と大きいが、体力に合わせて景信山、または城山まで行って途中下山するルートの選択も可能。ただし、登山口と下山口が異なる「縦走」なので、すべての荷物を背負って登る必要がある。

季節カレンダー

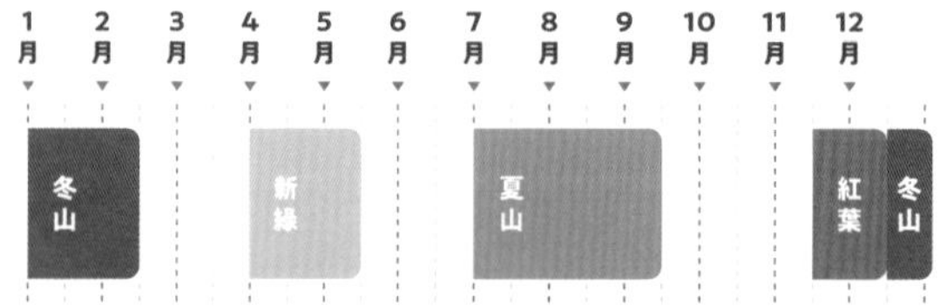

じゅごんMEMO

登山デビューから1か月とちょっと。この頃は近場の低山に週1、2ペースで登っていました。ある日私は気付いてしまったのです。「山小屋のメニューには高確率でなめこ汁が存在する！　しかもおいしい！」ということに。縦走という山の歩き方を知ったのもこの頃。もう組み合わせるしかありません。

DATA

所在地	東京都八王子市、神奈川県相模原市
標高	陣馬山855m、景信山727m、城山670m、高尾山599m
類積標高	上り1206m 下り1348m
歩行距離	17.2km
歩行時間	7時間58分
無雪期	3月〜11月
開山日	なし

スタート地点までのアクセス

電車・バス　JR高尾駅北口バス停から西東京バス陣馬高原下行きで終点下車

車　高尾山口駅近くの有料駐車場に止め、京王線で高尾駅へ、西東京バスで陣馬高原下へ。

体力度	★★★★☆
技術度	★★☆☆☆
絶景度	★★★☆☆
グルメ度	★★★★★
アクセスのしやすさ	★★★★☆

初心者のための基礎知識

必須アイテム編

「三種の神器」＋ヘッドライト

登山では時に風雨にさらされる自然環境の中を歩くため、それに対応できる服装や装備が必要。なかでも必須アイテムとして挙げておきたいものが「三種の神器」と呼ばれるレインウェア、ザック、登山靴だ。レインウェアはゴアテックスに代表される、体の濡れを防ぐ防水性、運動中の蒸れを防ぐ透湿性、風を遮断する防風性のある素材で、上下別になっているセパレートタイプのものがオススメ。ザックは30ℓ程度のサイズが日帰りから小屋泊まで対応できて使いやすい。自分の体に合うか必ず背負ってみよう。登山靴はくるぶしまで程よくホールドしてくれるミッドカットモデルがいろいろな場面で使える。これも自分の足に合うか確認を。

あと、三種の神器と合わせて揃えたいのがヘッドライト。日帰り登山でも予期せぬアクシデントで日没を迎えた場合、ヘッドライトがないと行動不能になるので必ず持っていこう。

陣馬山～景信山～城山～高尾山コースMAP

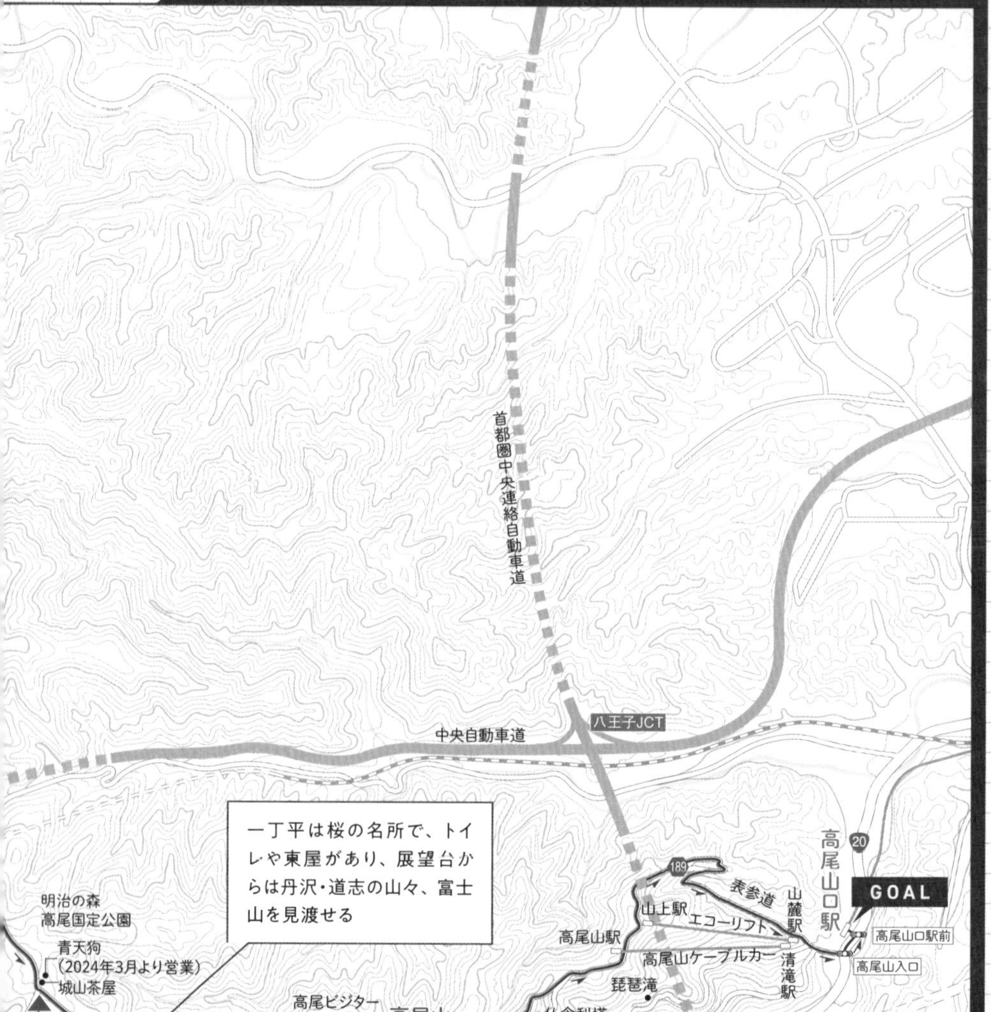

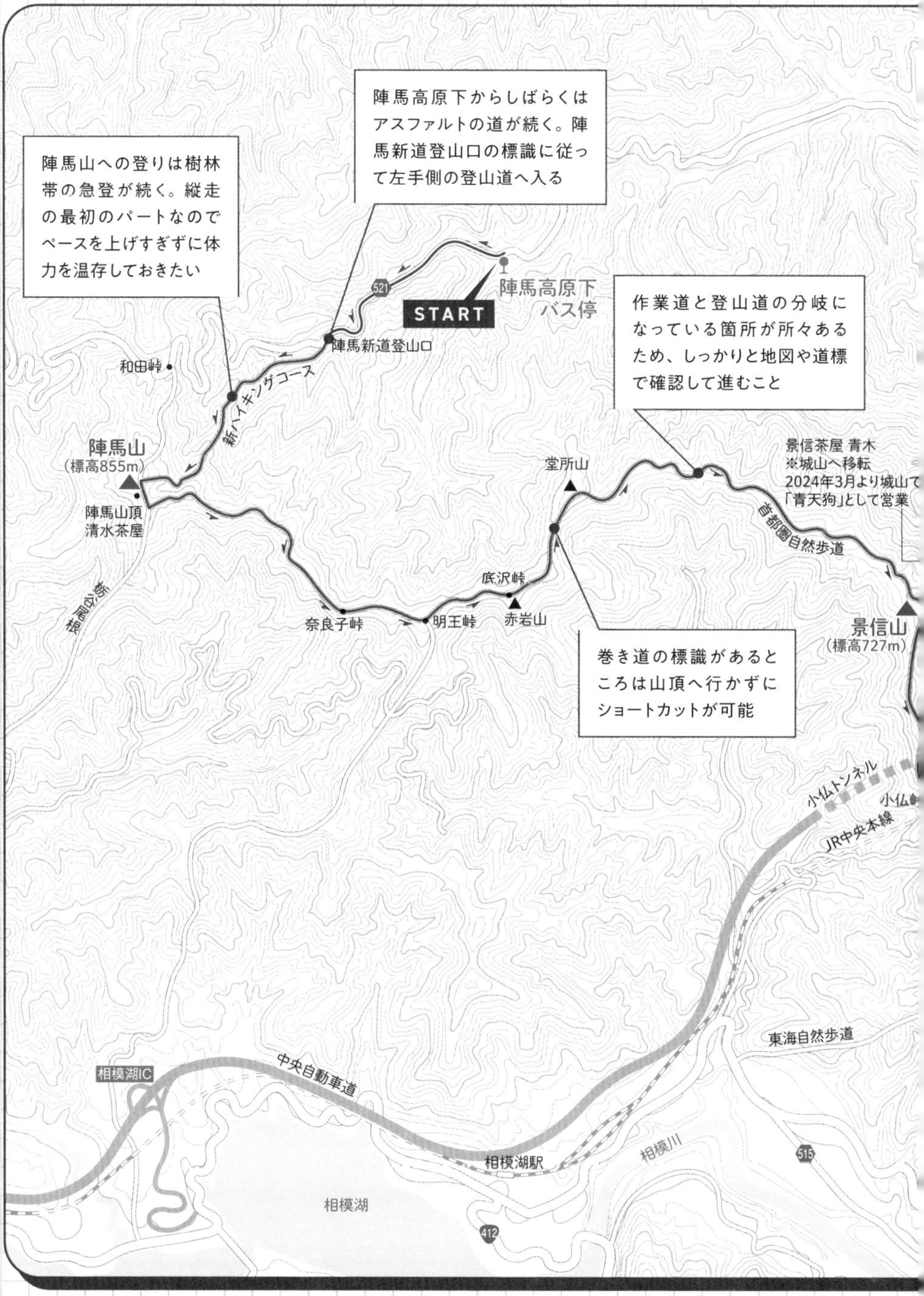
陣馬高原下からしばらくはアスファルトの道が続く。陣馬新道登山口の標識に従って左手側の登山道へ入る
陣馬山への登りは樹林帯の急登が続く。縦走の最初のパートなのでペースを上げすぎずに体力を温存しておきたい
陣馬高原下
バス停
START
521
陣馬新道登山口
和田峠
新ハイキングコース
陣馬山
（標高855m）
陣馬山頂
清水茶屋
栃谷尾根
作業道と登山道の分岐になっている箇所が所々あるため、しっかりと地図や道標で確認して進むこと
景信茶屋 青木
※城山へ移転
2024年3月より城山て
「青天狗」として営業
首都圏自然歩道
堂所山
底沢峠
赤岩山
明王峠
奈良子峠
景信山
（標高727m）
巻き道の標識があるところは山頂へ行かずにショートカットが可能
小仏トンネル
小仏峠
JR中央本線
東海自然歩道
相模湖IC
中央自動車道
相模湖駅
相模川
515
相模湖
412

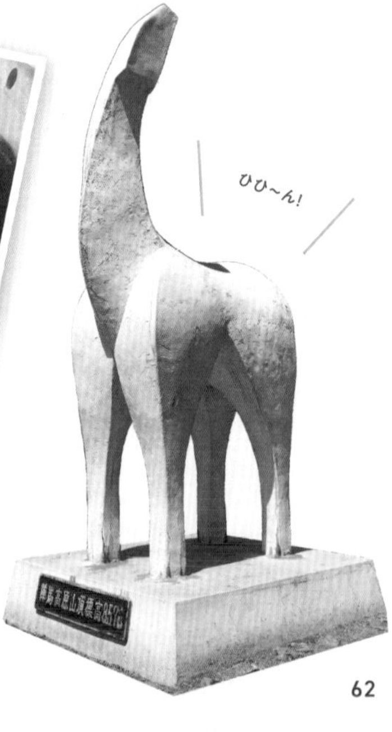

❶城山の旧天狗像。数年前に倒壊してしまい、今は新しい天狗様になっております❷陣馬高原下バス停、陣馬山のスタート地点❸早朝の木漏れ日が気持ちいい…!❹景信茶屋 青木の看板わんこのモモちゃん❺どうしてそんな伸び方したん?

あたいも高確率で
山小屋メニューに
いますよ!

❻縦走中は、視界に登りが見えると…あぎゃー!となります❼拙者の張り手ではびくともしないでごわす❽これは陣馬山から見えた富士山❾登山者よ、選ぶがよい!登るか?巻くか?(巻き道は通行困難な場所を迂回するルート)❿そういえばこの山小屋、開いてるとこ見たことないかもしれない…⓫景信山の茶屋⓬もみじ台にある細田屋さんのなめこ汁も絶品です!

おまけマンガ

今日はずっと

AM6:30
バスを待ちながら今朝うんこが出ていないことを考えていた
不安だ
AM8:00
登山口のトイレでネバってみたがうんこは出なかった
不安だ
PM1:00
山頂のトイレでもうんこは出ていない
ハイッチーズ
不安だ
PM5:00
そして何事もなく下山したのだった
今日はずっと
脳裏にうんこがよぎってたなあ…!

第3座

Let's start mountain climbing from today!

はじめての百名山
（神奈川県）

標高
1491m

丹《たん》沢《ざわ》山《さん》 塔《とう》ノ《の》岳《たけ》

「日本百名山」1964（昭和39）年刊行
小説家・深《ふか》田《だ》久弥《きゅうや》の書いた山岳紀行
またそれに登場する百座
半世紀以上たった今なお日本の登山界に
影響力が強い本である
深田久弥 日本百名山
そしてじゅごん氏たちは
いまだ百名山を一座も
登頂したことがなかった
そろそろ実績解除したくない？
やっぱり気になる存在だよねぇ
じゃあ登ってみますか
丹沢山
丹沢山
神奈川県西部に広がっている
丹沢山地にある山で
登山道は木道で整備されており
とても歩きやすく
初心者から上級者まで
人気のエリアです
首都圏からアクセスがよく
東京・神奈川住まいの二人が
最もお金をかけずに登れる
百名山でもあります
秩父山地
新宿
御坂山地
丹沢山地
横浜線
小田急線
横浜
富士山
箱根
都心から
・日帰り可能
・交通費往復2000円前後
でありながら
なぜこれまで
避けてきたか？

それは これまでの山行と比べて 距離 標高差 行動時間 どれをとっても未踏の領域 ズタボロに疲れるのは 間違いないからです
鎖場もあるらしいし 不安要素が多いんだよな
バカ尾根ってのも 気になる…
こちとら 数か月前まで高尾山で ズタボロ雑巾になってた インドアオタクやぞ
でも低山でありながら 展望のよい稜線歩きが できるのは魅力的…
うむむ…
悩ましい
大丈夫だよ
こまちゃん？
筋肉は 嘘つかない
おっと すごい 脳筋発言
でもたしかにこの数か月 山に登るたびに少しずつ 成長してきた実感がありました
陣馬高尾縦走だって 歩き通せたん だもんね
フッ
では無理をせず 安全第一で 挑戦してみますか
いざ！ 日本百名山 丹沢山！

AM7:00
「秦野《はだの》駅」
小田急
秦野駅
休日の秦野駅は
バス停もトイレも
長蛇の列
ズラーー
まだ始発20分前
だというのに
すごい行列
全員
登山者だ…
じゅごん氏の
朝のトイレが長くて
アドバンテージが
消えた…
登山前の
トイレって
大事ですし…
始発をあきらめ
次の便を視野に
入れようとした
その時
ヤビツ峠
やったあ！
始発と一緒に
臨時便が来たぞ！
登山客の状況を見て
臨時便を運行してくれたようです
ありがとう 神奈中バスさん
ありがとう かなみん
駅から登山口のある
ヤビツ峠まで約50分
秦野駅から
距離約14㎞
標高差約670m
表ヤビツと
いわれる道
狭い道幅と
カーブの連続に
不安を覚えますが
対向車来たら
どうする
んだろう？
時折 窓から見える
高度感のある景色に
これからの山行への
期待が膨らみます

こんな激坂を自転車で走ってる
ヤビツ峠はヒルクライムの聖地としても有名です
シャカシャカ
つらい思いしてまでこんな所を登るなんて自転車乗りは物好きだね
ねー
そのセリフ我々登山者にも刺さるからね？
AM8：10
［ヤビツ峠］
何台もの自転車を追い越しながらヤビツ峠に到着
自転車乗りにとってはここがゴールだけど
丹沢大山国定公園
ヤビツ峠
登山者にとってはここがスタート
今度は我々が頑張る番だ
えいえいおー！
おーー!!
待ってあの人ヒルクライム後に登山届を出してる⁉
意味がわからないよ…
ドン引き

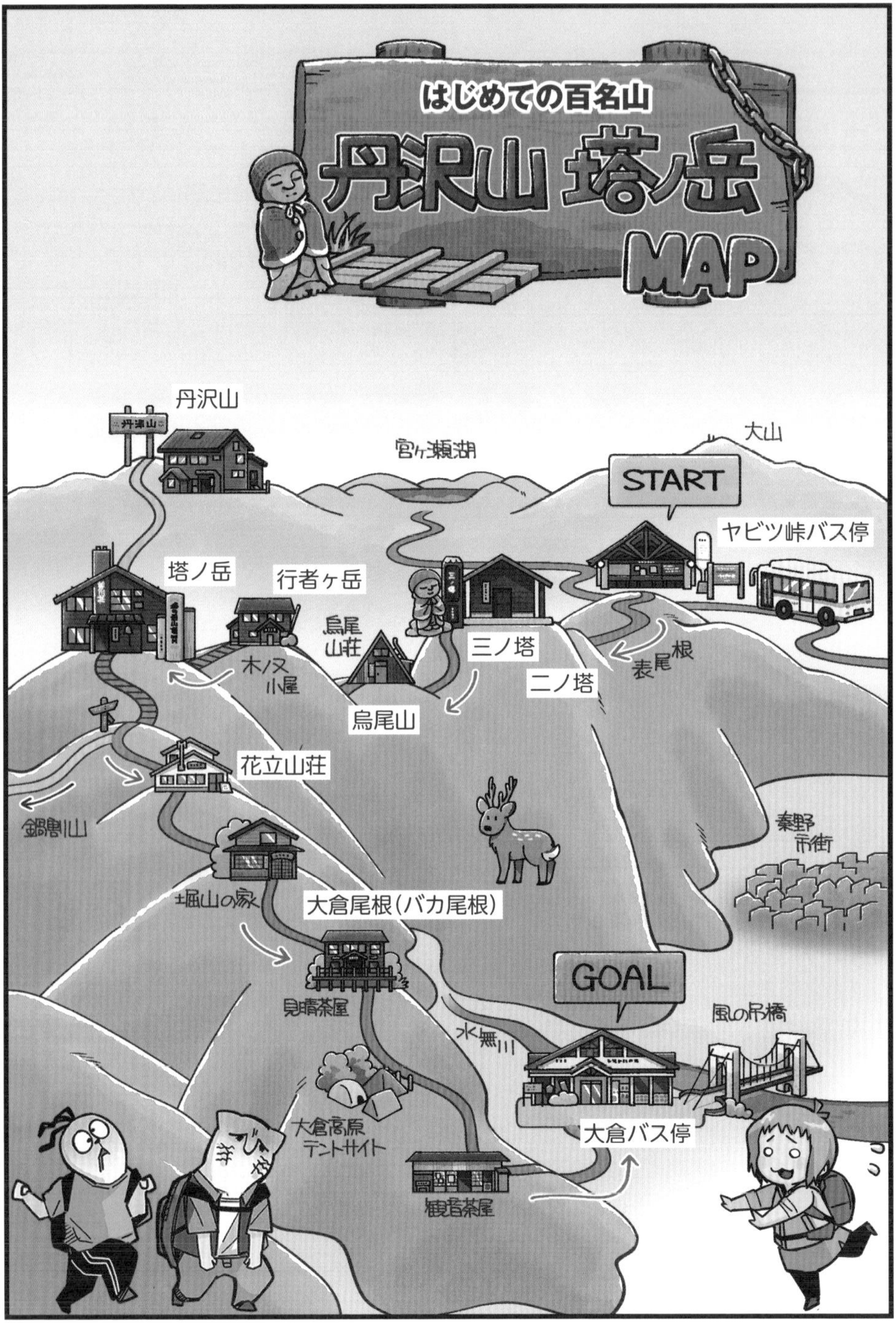
はじめての百名山
丹沢山 塔ノ岳
MAP
丹沢山
宮ヶ瀬湖
大山
START
ヤビツ峠バス停
塔ノ岳
行者ヶ岳
烏尾山荘
三ノ塔
表尾根
木ノ又小屋
二ノ塔
烏尾山
花立山荘
鍋割山
秦野市街
堀山の家
大倉尾根（バカ尾根）
見晴茶屋
GOAL
風の吊橋
水無川
大倉高原テントサイト
大倉バス停
観音茶屋

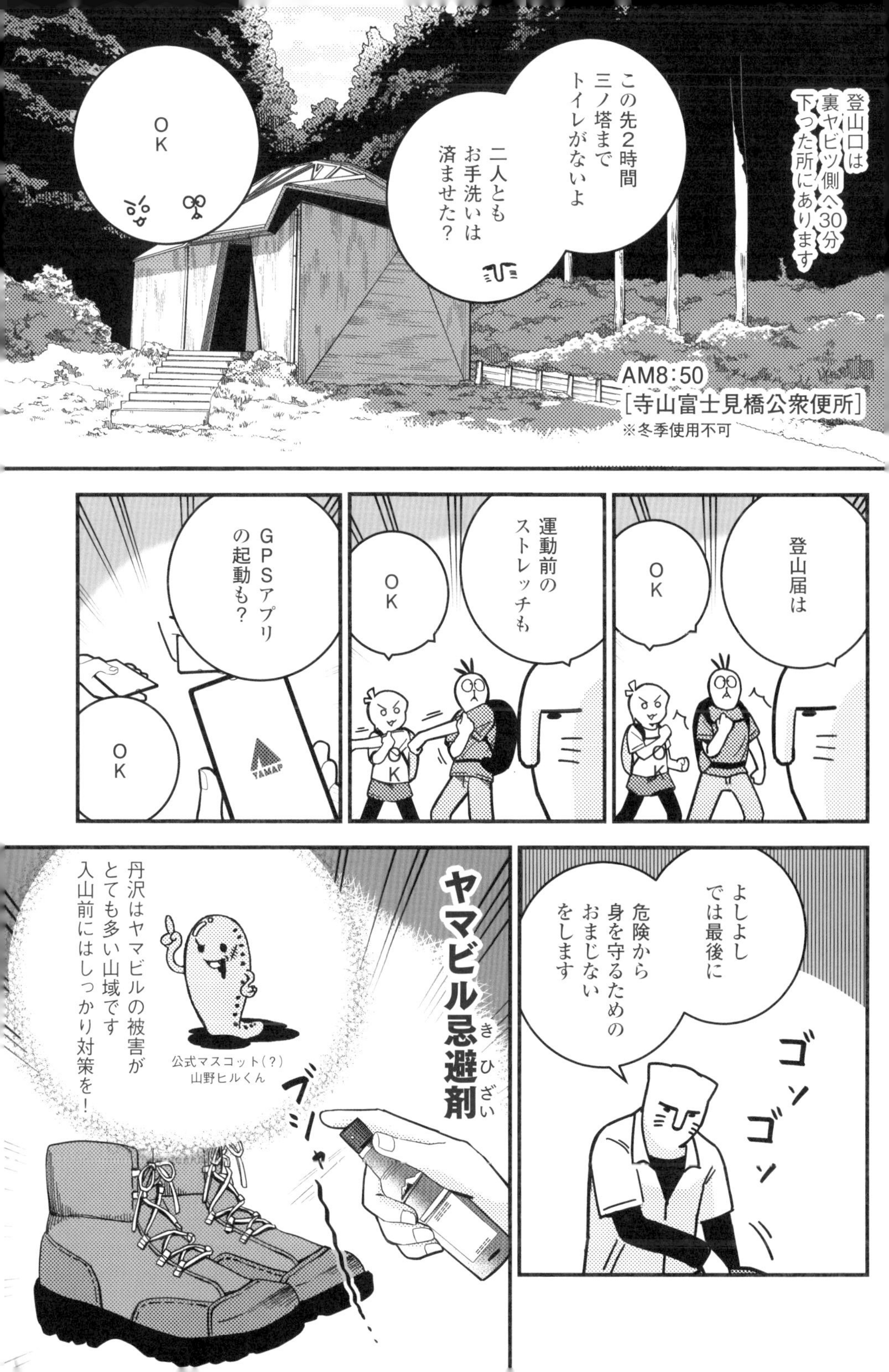
登山口は裏ヤビツ側へ30分下った所にあります
この先2時間三ノ塔までトイレがないよ
二人ともお手洗いは済ませた？
OK
AM8:50
［寺山富士見橋公衆便所］
※冬季使用不可
登山届は
OK
運動前のストレッチも
OK
GPSアプリの起動も？
OK
YAMAP
よしよし
では最後に
危険から身を守るためのおまじないをします
ゴソゴソ
ヤマビル忌《き》避《ひ》剤《ざい》
ブシャ
丹沢はヤマビルの被害がとても多い山域です
入山前にはしっかり対策を！
公式マスコット（？）
山野ヒルくん

準備を終え登山開始
表尾根最初のピーク
二ノ塔を目指します
GPSアプリによると二ノ塔までのコースタイムは約1時間だって
三ノ塔
約15分
二ノ塔
約60分
1時間ならあっという間に着きそうだね
20分後
えまだ3分の1？
まさか登山口から急登が延々と続くとは
でもさすがに残りの40分もこれってことはないでしょ
ゼェ
ハァ
ゼェ
ハァ
ゼェ
ゼェ
ハァ
残念ながら残りの40分も急登です
登山口から二ノ塔までは1時間で標高を400mも上げる登り一辺倒で表尾根のなかでも脚と体力に負担のかかる区間だったりします
急登って体感時間が延びるよねえ…

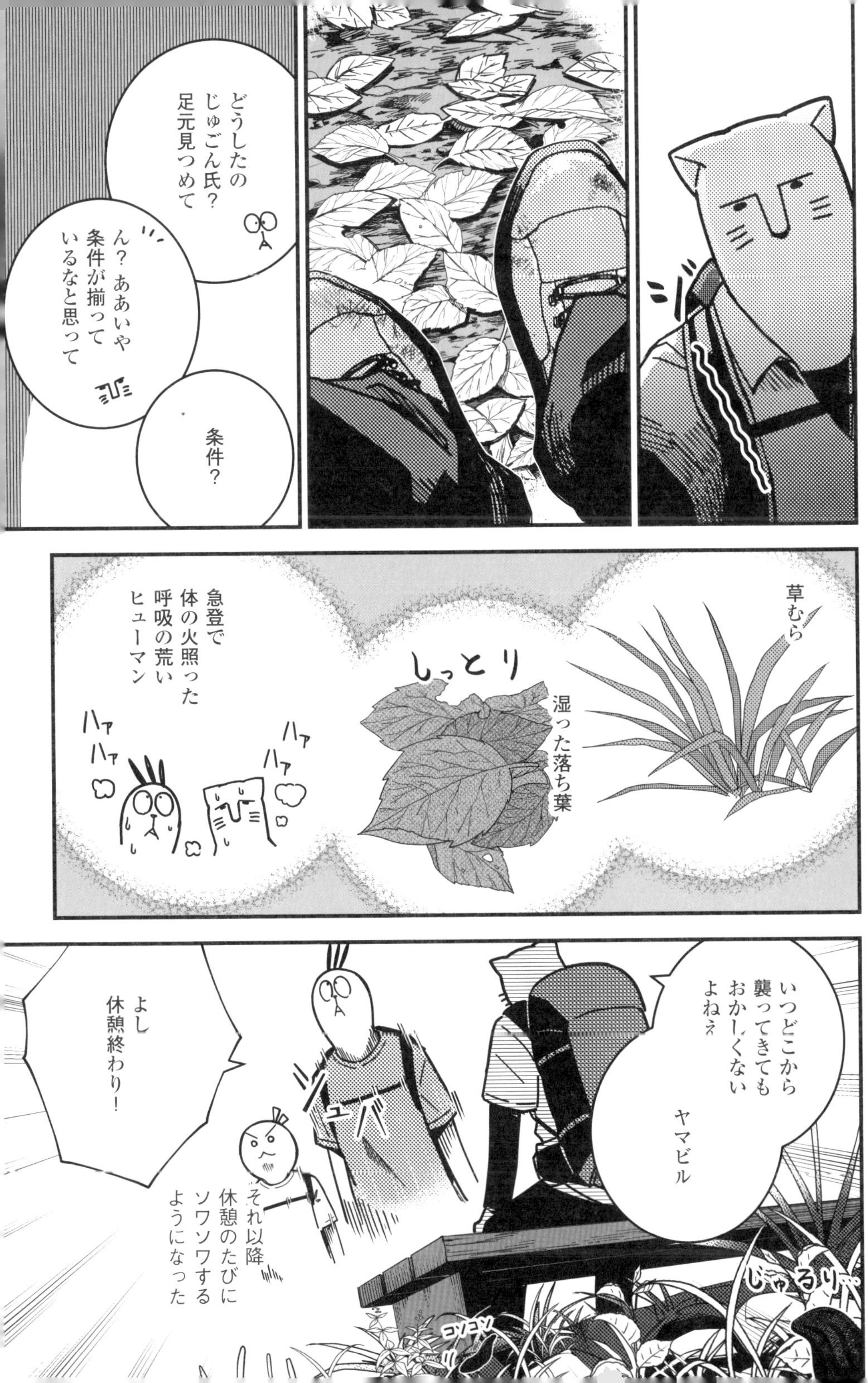

どうしたのじゅごん氏?足元見つめて
ん?ああいや条件が揃っているなと思って
条件?
草むら
しっとり
湿った落ち葉
急登で体の火照った呼吸の荒いヒューマン
ハァハァ
ハァハァ
いつどこから襲ってきてもおかしくないよねぇ
ヤマビル
じゅるり
よし休憩終わり!
それ以降休憩のたびにソワソワするようになった

〝鞭〟ばかりの二ノ塔ですが
たまに〝飴〟もくれます
大山だ!
登ったことのある山が見えるとうれしいよねえ
丹沢の代名詞ともいえる木道とジ〇リ感のある森のトンネル
この先にト〇ロいそうだな
ト〇ロはいませんでしたが二ノ塔山頂に到着
これ実質ト〇ロでいいや!
AM10:00
[二ノ塔]
二ノ塔の山頂は秋や冬は展望がよく富士山がよく見えますが今は6月
ト〇ロ毛深くて富士山がよく見えないな…
でーーん
ところでとなりの大きなおなかの主はいったい…
これから登る三ノ塔《ト〇ロ》です
絶望なんだが?

二ノ塔を出ると ついに丹沢表尾根の 稜線が姿を現す
わ
これは ワクワクして きたぞ
木道を下り
鞍部《あんぶ》を抜け
登り返しの階段
途中ふと 振り返ると
つい先ほどまで 山頂にいた 二ノ塔の姿が
そうだよ!!
おまえ そんな姿 だったんだ なあ
山小屋発見! 山頂に 違いない!
※山小屋ではなくトイレでした

はえ！
これが丹沢山塊
ビジュ強い
丹沢の山々が波を打つように富士山まで続いている
今まで見てきた富士山のなかでも圧倒的じゃない？
私もそう思う

正直いうと
三ノ塔は
塔ノ岳と丹沢山に
登るための
ただの通過点だと
思ってたんだけど
これ今日見る
景色で一番の
絶景なのでは？
しかし山頂を離れても続く絶景
絶景
お地蔵様の視線の先も
絶景

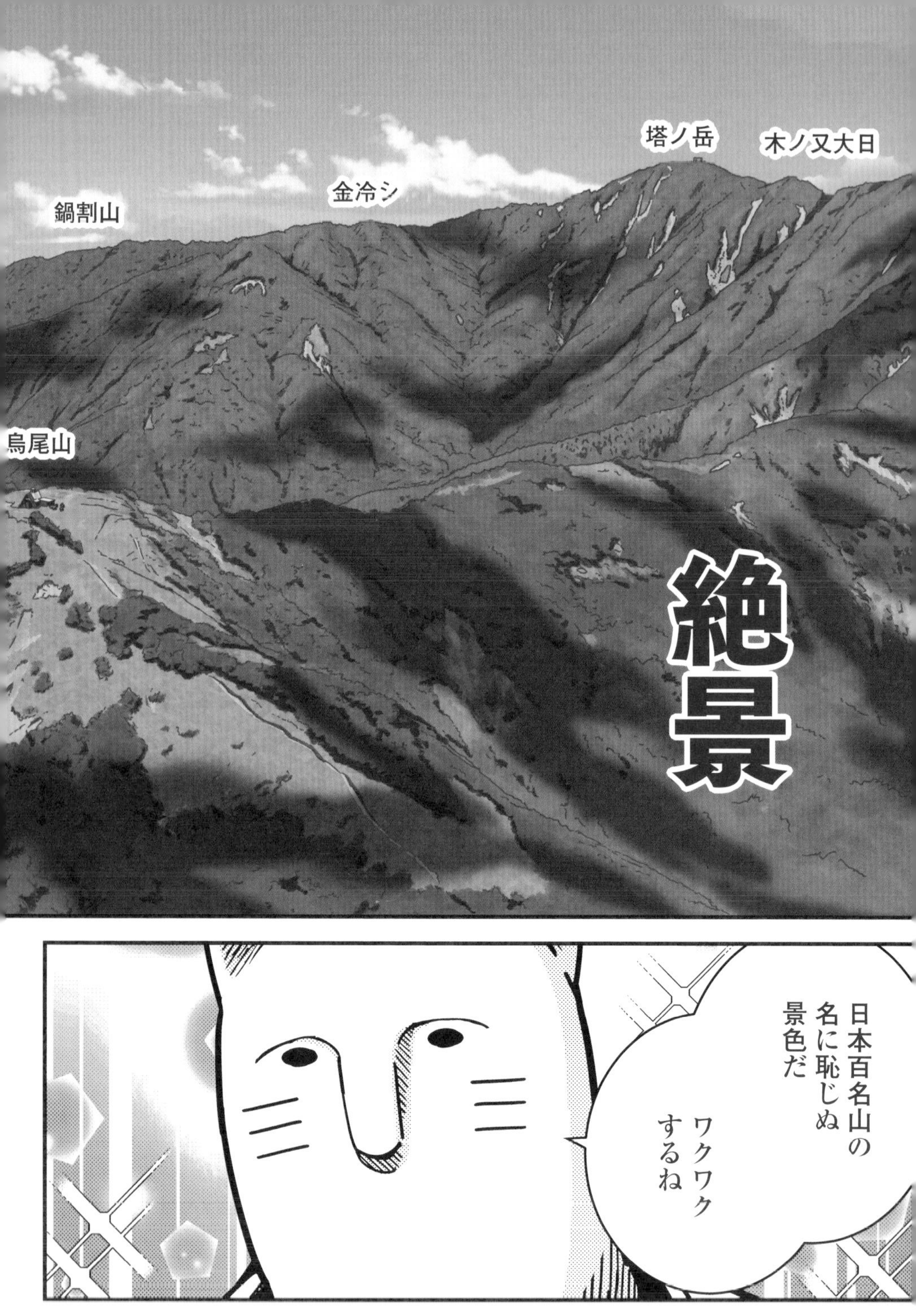
木ノ又大日
塔ノ岳
金冷シ
鍋割山
烏尾山
絶景
日本百名山の名に恥じぬ景色だ
ワクワクするね

富士山
大倉尾根
←大倉バス停
これが丹沢の表尾根
と同時にものすごい絶望感
はわわ
ズーン
歩ききれるかしら…

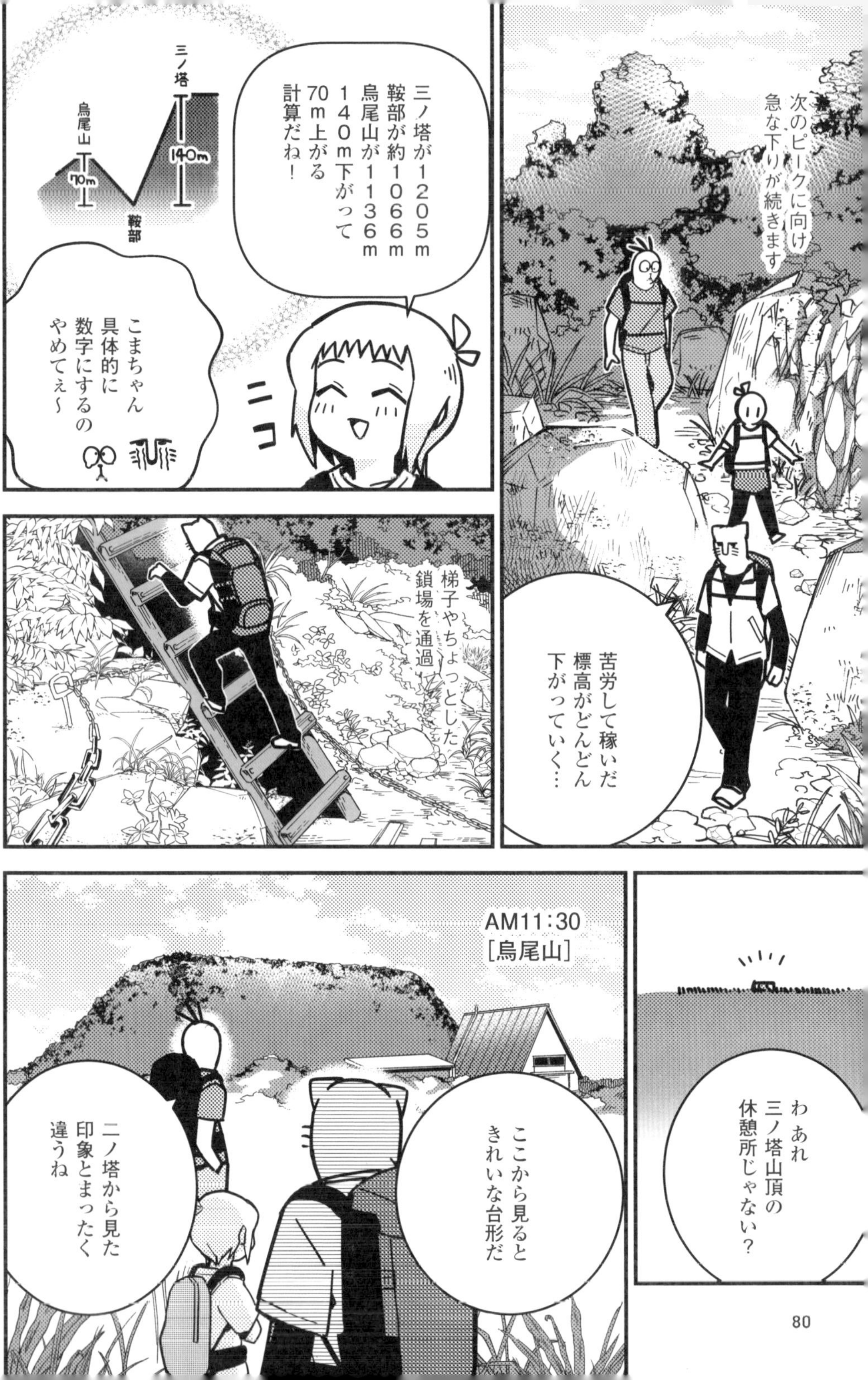
次のピークに向け急な下りが続きます
苦労して稼いだ標高がどんどん下がっていく…
三ノ塔が１２０５ｍ鞍部が約１０６６ｍ烏尾山が１１３６ｍ１４０ｍ下がって70ｍ上がる計算だね！
三ノ塔
烏尾山
140m
70m
鞍部
ニコ
こまちゃん具体的に数字にするのやめてぇ～
梯子やちょっとした鎖場を通過
わぁあれ三ノ塔山頂の休憩所じゃない？
AM11：30
［烏尾山］
ここから見るときれいな台形だ
二ノ塔から見た印象とまったく違うね

※手2と足2の合計4つの支点のうち3点を固定して移動する方法

鎖場からすぐ
アスレチック感のある
痩せ尾根が登場
痩せ尾根を補強するような形で
建設現場の足場のような
簡素な橋を渡ります
崩れるなよ 絶~対に 崩れるなよ！
難所らしい難所は ここで終わりです
PM0:00
塔ノ岳
約30分
約15分
約25分
塔ノ岳まであと 1時間ちょっと という所 まで来たぞ
はわ⁉
どうした じゅごん氏⁉
三ノ塔から 標高がほとんど 上がっていない
それが 意味する こととは？
これから1時間で 約300m上がる ことになるね！
ニコ
やだ~
このあと めちゃくちゃ 急登した
ハァ
ハァ
ハァ

新大日を越えた頃
風とガス（霧）が出てきたな
さっきまで見えていた塔ノ岳の山頂が隠れちゃった
山の天気は崩れやすいとはよく聞きますがそれは雲の発生要因となる上昇気流が起きやすいから
上昇気流
風
上昇気流
地面が温められる
特に午後は発生する要因が重なりやすいです
山頂の景色を楽しみたい場合は午前中の登頂が望ましいのですが…
今日みたいに時間のかかる山は難しい…
ハァ ハァ
けどせっかくここまで来たんだ
晴れてくれ～
PM1:00
[塔ノ岳]
ビュウウウ
うーん
虚無

ゴウ
強風
すこし休憩してから
丹沢山を目指す
予定だったけど
ビュウウウ
休まるどころか
体力が奪われる
誰も口には出していないが
浮かび上がる〝撤退〟の二文字
塔の岳山頂 1491M
神奈川県
じゅごん氏
どうする？
あと1時間
頑張れば
丹沢山だけど…
うーん
「はじめての百名山」
「4時間かけて
ここまで来た」
「ついさっきまで
あんなに天気が
よかったのに」
「すぐ天気が
回復するかも
しれない」
「次登りに来られる
のはいつ？」
「やらずに後悔するよりやって後悔」
下山時間にも
影響するから
迷っている
時間はないぞ
日没前に下山したい
レインウエア
着た
そ
そうだな
最善は下山(撤退)だと
理解しているけれど
これまでの苦労
思いや可能性が交錯し
決断を鈍らせる
あああああ
撤退は失敗
じゃないよ？
こまちゃん…

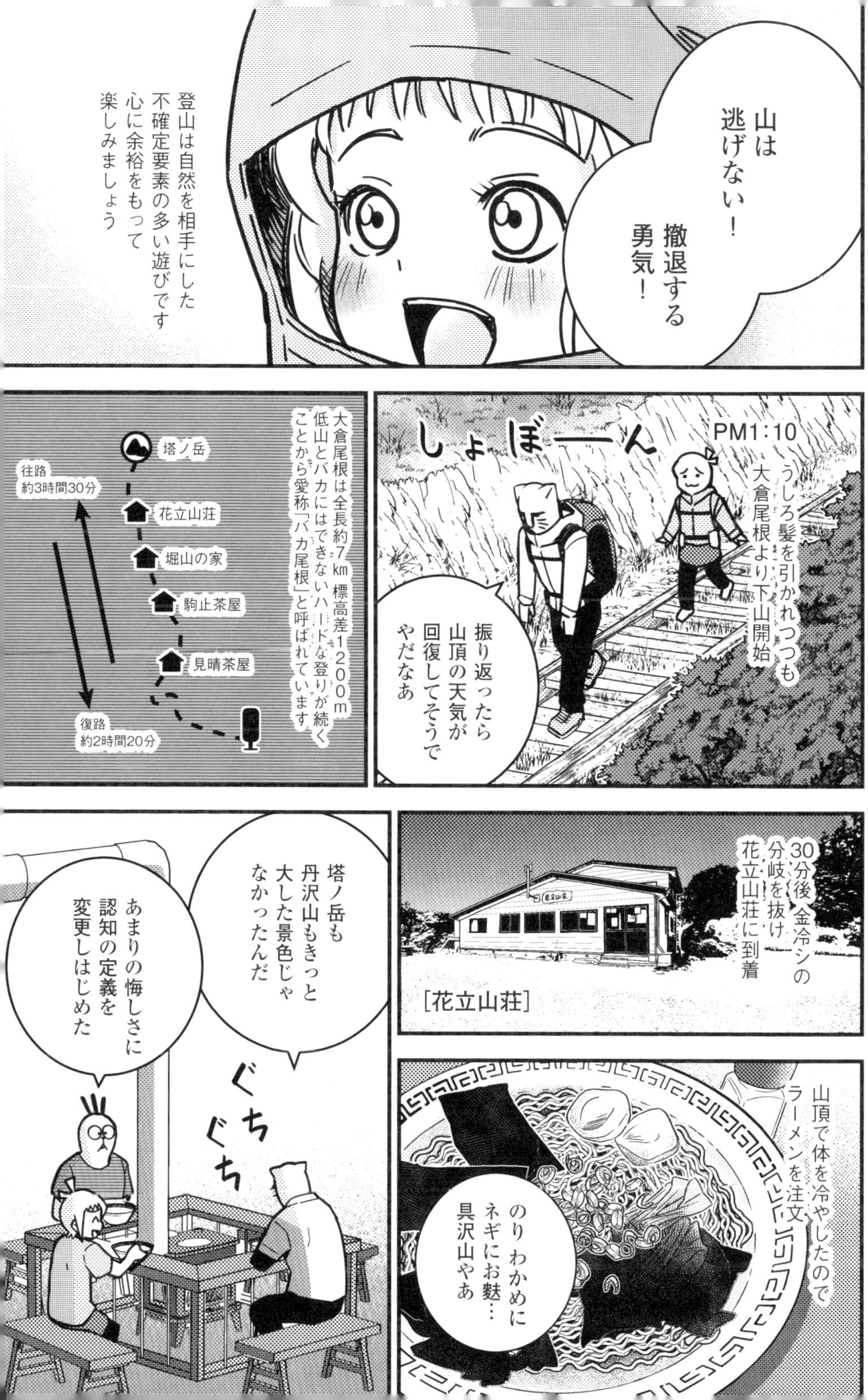
山は逃げない！
撤退する勇気！
登山は自然を相手にした不確定要素の多い遊びです 心に余裕をもって楽しみましょう
PM1:10
うしろ髪を引かれつつも大倉尾根より下山開始
しょぼーーん
振り返ったら山頂の天気が回復してそうでやだなあ
大倉尾根は全長約7km 標高差1200m 低山とバカにはできないハードな登りが続くことから愛称「バカ尾根」と呼ばれています
塔ノ岳
花立山荘
堀山の家
駒止茶屋
見晴茶屋
往路 約3時間30分
復路 約2時間20分
30分後 金冷シの分岐を抜け花立山荘に到着
[花立山荘]
山頂で体を冷やしたのでラーメンを注文
のりわかめにネギにお麩…具沢山やあ
塔ノ岳も丹沢山もきっと大した景色じゃなかったんだ
ぐちぐち
あまりの悔しさに認知の定義を変更しはじめた

げざ〜ん！
PM4:30
[大倉バス停]
なんなの
あの延々と続く
階段地獄！
バカ尾根
恐るべし
ズーン
もう一歩も
動きたくない
あのまま
丹沢山まで
行ってたら
日没過ぎてたな
ぐったり…
山頂の天気も
回復してる様子が
なかったし
撤退の判断は
間違って
いなかった
ところで
こまちゃん
さっきから
にゃも氏の
足元見てるけど
どしたの？
ん——とね
これ
なになに〜？

おわああああ
スポポーン
この日にゃも氏は登山靴早脱ぎタイム自己ベストを更新したという
あ〜あ
結局 初の百名山 実績解除 ならずかぁ
いやあ そもそも最初から 無理だったのかも しれないぞ
どゆこと？
71 丹沢山（一六七三米）
私が百名山の一つに丹沢山を取りあげたのは、個々の峰ではなく、全体の立派さからである。
（中略）ただ表尾根を歩くだけでなく、その奥深く入れば、山の規模は大きく複雑で、容易にその全貌をつかめない。
※「日本百名山」一部抜粋
おはは
山地全体とは これまた 条件厳しい
でしょ？
丹沢は一日にして成らず 山頂を踏むことだけが 登山ではないと新しい知見を得た じゅごん氏たちなのでした

（神奈川県）

表丹沢で最も人気がある好展望の山

丹《たん》沢《ざわ》山《さん》 塔《とう》ノ《の》岳《たけ》

東西約40km、南北約20kmに及ぶ神奈川県の丹沢山塊。表丹沢、東丹沢、西丹沢、北丹沢と4つのエリアに区分けされ、表丹沢エリアの最高峰で人気が高く、かながわ100名山に選定されているのが塔ノ岳（1491m）だ。

山頂から東西南北に尾根が派生しており、東側の表尾根、南側の大倉尾根（通称バカ尾根）、西側の鍋割山からの縦走や、北側の丹沢主脈を縦走する人など、多くの登山者でにぎわう。

大倉尾根から日帰りピストン（往復）で登る人が多い塔ノ岳だが、今回紹介する表尾根縦走コースは一部に岩場や鎖場もあるため、初心者は時間・体力的にも山頂に立つ山小屋の尊仏山荘に宿泊するのがオススメ。新宿から横浜などが一望できるので、夜景や日の出を楽しむことができる。

山名の由来は江戸時代、山頂に一尺五寸（約45cm）ほどの石塔があり、そこで日向薬師や登山口である大倉の山伏たちが柴燈護摩修行を行っていたことから。

かつて山頂を約70mほど下った北斜面に別称の尊仏山の由来となった巨岩「尊仏岩」があり秦野盆地や山北町玄倉《くろくら》の人々の信仰を集めていた信仰の山である。

DATA

所在地	神奈川県秦野市、愛甲郡清川村、足柄上郡山北町
標高	1491m
累積標高	上り1239m 下り1715m
歩行距離	13.9km
歩行時間	7時間43分
無雪期	4月～11月
開山日	なし

スタート地点までのアクセス

電車・バス　往路：小田急線秦野駅より神奈川中央交通バスヤビツ峠行きで終点下車／復路：大倉バス停から神奈川中央交通バス渋沢駅行きで終点下車

車　秦野駅か渋沢駅近くに駐車して電車・バスを利用

体力度	★★★★★
技術度	★★★☆☆
絶景度	★★★★☆
グルメ度	★★★☆☆
アクセスのしやすさ	★★★★☆

季節カレンダー

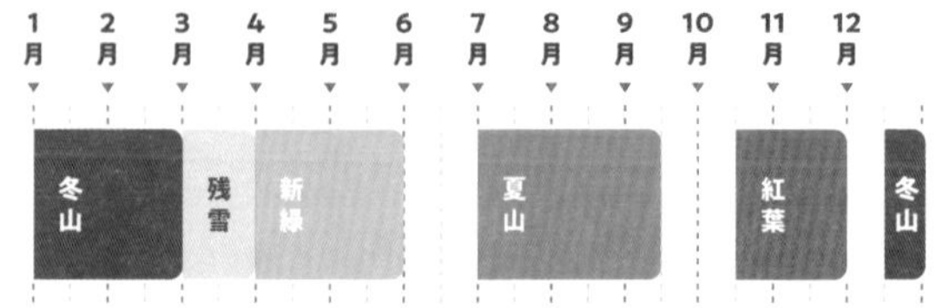

じゅごんMEMO

なんとなく山小屋は怖そうなイメージがあり、抵抗がありました。ですが、何度か丹沢山に登るようになり、その絶景を味わえる時間帯は朝夕夜だと気付きました。日帰りだとまだ登りはじめや下山中の時間です。もったいないですね。登山道はよく整備されているので、いろんな登り方を楽しみましょう。

初心者のための基礎知識

位置情報収集アイテム編

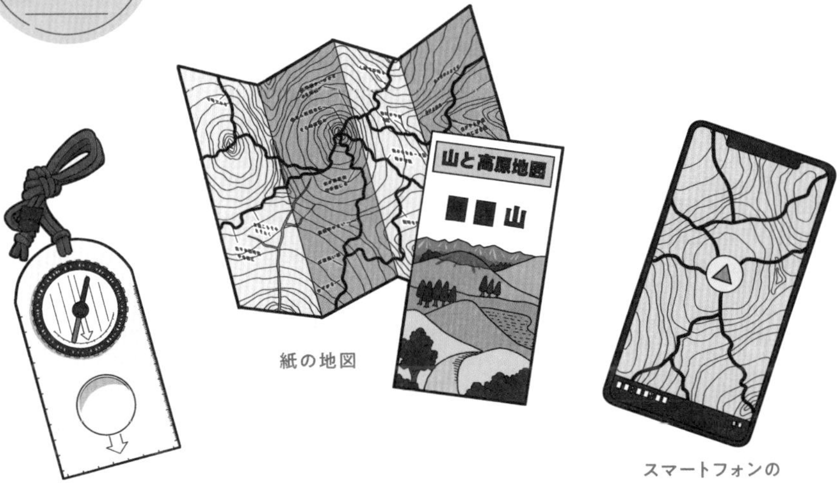

紙の地図

コンパス

スマートフォンの
登山GPSアプリ

アプリだけでなく紙の地図も必要

登山では地図・コンパスだけでなく、アプリを使って現在地や目的地を把握し道迷いを防ぐ。地図アプリはスマホのGPSによって自分の現在地がわかるため、事前にダウンロードしておいた地図と組み合わせて、地図上で現在地を表示させることができる。登山地図は登山道や標準コースタイム、山小屋、水場等の情報が記載されている。1/50000が標準の縮尺で、地図上の情報が多く便利だが地形は若干読み取りづらい。国土地理院が発行している地形図は1/25000の縮尺が標準で、登山道上の情報は少なくシンプルだが地形を読み取るのに適している。大型書店やネットで入手できる。

地図アプリは便利だが、スマホのバッテリー切れや不具合に備えて紙の地図・コンパスも併用しておくこと。ただし現在地を把握できなければ意味がないので地図読み講習会などに参加して、きちんと使えるようにしておきたい。

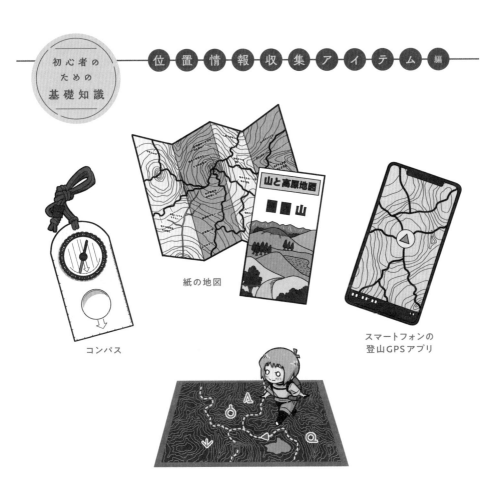

丹沢山　塔ノ岳コースMAP

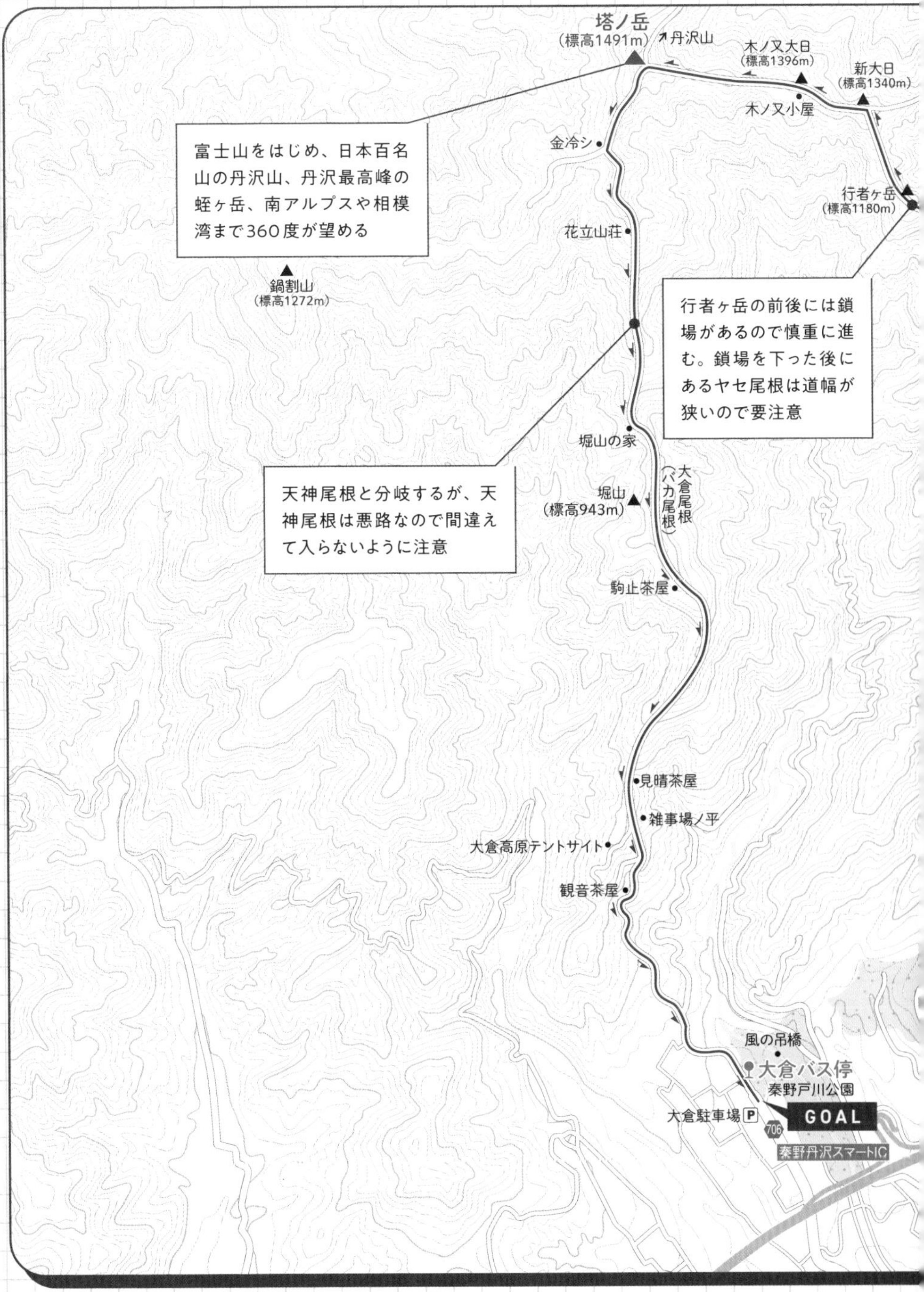
塔ノ岳
（標高1491m）
↗丹沢山
木ノ又大日
（標高1396m）
新大日
（標高1340m）
木ノ又小屋
金冷シ
行者ヶ岳
（標高1180m）
富士山をはじめ、日本百名山の丹沢山、丹沢最高峰の蛭ヶ岳、南アルプスや相模湾まで360度が望める
花立山荘
鍋割山
（標高1272m）
行者ヶ岳の前後には鎖場があるので慎重に進む。鎖場を下った後にあるヤセ尾根は道幅が狭いので要注意
堀山の家
大倉尾根（バカ尾根）
天神尾根と分岐するが、天神尾根は悪路なので間違えて入らないように注意
堀山
（標高943m）
駒止茶屋
見晴茶屋
雑事場ノ平
大倉高原テントサイト
観音茶屋
風の吊橋
大倉バス停
秦野戸川公園
大倉駐車場
P
GOAL
706
秦野丹沢スマートIC

丹沢山 塔ノ岳 フォトギャラリー

丹沢クリステルよ!
(今は大野山にいます)

ちゅーちゅー
されないように
しっかり対策!

日本百名山
だよ~

❶富士まで続く山並み。これぞ丹沢山塊❷丹沢名物の木道。秋になると紅葉がとてもきれいなポイントです❸天気がいいと相模湾までよく見えます❹大倉パス停は丹沢山への玄関口❺後日リベンジに成功した丹沢山の山頂

❻鎖場での三点支持は必ずマスターして登ること❼歩けばわかる、この道のよさ❽バカのように続く急登❾日が沈む。そろそろヘッドライトを使おう。ヘッドライトは必需品なので絶対に忘れないように❿二ノ塔、三ノ塔から見える大山⓫4時間かけてたどり着いた塔ノ岳。天気が回復しそうになかったため下山することに⓬丹沢サイダーを買うならここ⓭新大日で食べた鈴カステラとコーヒー

おまけマンガ

我は無敵

今日の山行
我は無敵である
我が歩みを邪魔するモノはもういない
もう一度言おう
我は
無敵である
※朝一快便でした

第4座

Let's start mountain climbing from today!

はじめての山小屋泊

（長野県）

標高
2956m

木《き》曽《そ》駒《こま》ヶ《が》岳《たけ》

離れて暮らす親への近況報告
最近登山に目覚めました
あんたはそんなことするような子じゃない
母
信用ないな
木曽駒ヶ岳（標高2956m）は長野県に位置し 3つある日本アルプスのひとつ中央アルプスの山です
北アルプス
中央アルプス
南アルプス
NAGANO
いいじゃない
お母さんたちも去年の9月に家族旅行で木曽駒ヶ岳に登ったわよ
母
木曽駒ヶ岳?
日本アルプス!? 3000m級の高山!?
よ… よく登れたね
標高2600mまでバスとロープウェイで行けるから 言うほど大変じゃないわよ
頂上まで約400m! それなら登れる気がする…
CHUO ALPS KOMAGATAKE
登山初心者でも登れる3000m級の山 そんなこと考えたこともなかったな…
ところで
その家族旅行 呼ばれた記憶がないのですが…
誘ってもどうせ来なかったでしょ?
ハイ

ということがあってだな
家族旅行に呼んでもらえなくてかわいそう…
かわいそうだねえ
山の話をしよう
木曽駒ヶ岳が初心者でも挑戦可能な高山だというのはわかったけど
それでも低山登山とは大きく違うんでしょ？
もちろん
気温
標高3000m 2℃
100mごとに0.6℃下がる
標高0m 20℃
気温は標高が100mごとに0.6℃下がるとされています。標高3000mの場合、0.6×30＝18で、標高０mの気温より18℃低いことになります。
紫外線
皮膚ガンや白内障の原因に！目もサングラスで守ろう
ビカー
標高が高いと、上空の大気の量が少なく紫外線が散乱される割合は小さくなります。一般的にＵＶインデックスは標高が1000m高くなると約10％増加するので、標高3000mだと30%増になります。
高山病
標高2000m（高齢者は1500m）以上の高地で発症の可能性あり。
症状
・食欲低下、悪心・嘔吐など
・全身倦怠感や脱力感
・立ちくらみやめまい
・息苦しい、などの睡眠障害
予防
・余裕のある日程を組む
・高度順応時間を設ける
・十分な水分補給
・予防薬「ダイアモックス」の服用
治療法
・下山が最良の治療
※参考：厚生労働省検疫所
8月でも最低気温が10℃以下になるのか暴風防寒対策は必須だなあ
高山病も怖いし調べれば調べるほど不安になるな
今回は時間に余裕のある計画を立てようか

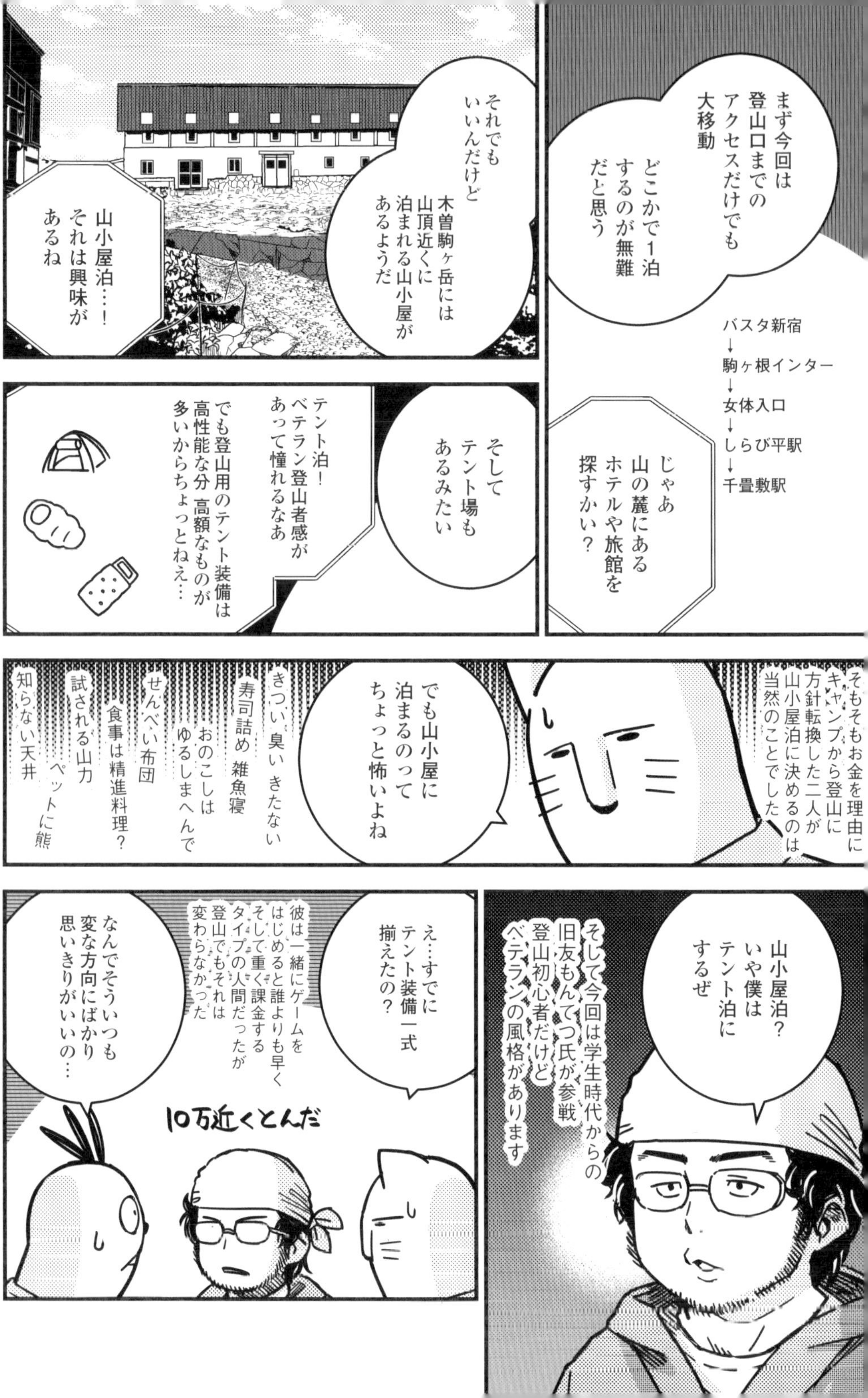
まず今回は登山口までのアクセスだけでも大移動
どこかで1泊するのが無難だと思う
バスタ新宿
↓
駒ヶ根インター
↓
女体入口
↓
しらび平駅
↓
千畳敷駅
じゃあ山の麓にあるホテルや旅館を探すかい？
それでもいいんだけど
木曽駒ヶ岳には山頂近くに泊まれる山小屋があるようだ
山小屋泊…！それは興味があるね
そしてテント場もあるみたい
テント泊！ベテラン登山者感があって憧れるなあ
でも登山用のテント装備は高性能な分 高額なものが多いからちょっとねえ…
そもそもお金を理由にキャンプから登山に方針転換した二人が山小屋泊に決めるのは当然のことでした
でも山小屋に泊まるのってちょっと怖いよね
きつい 臭い きたない
寿司詰め 雑魚寝
おのこしはゆるしまへんで
せんべい布団
食事は精進料理？
試される山力
ペットに熊
知らない天井
山小屋泊？いや僕はテント泊にするぜ
そして今回は学生時代からの旧友もんてつ氏が参戦
登山初心者だけどベテランの風格があります
え…すでにテント装備一式揃えたの？
彼は一緒にゲームをはじめると誰よりも早くそして重く課金するタイプの人間だったが登山でもそれは変わらなかった
10万近くとんだ
なんでそういつも変な方向にばかり思いきりがいいの…

バスタ新宿
Shinjuku Expressway Bus Terminal
当日早朝新宿に集合
AM7:30
[バスタ新宿]
どん
65ℓザックでか!
何kgあんの それ?
10kg以上はあるかな
のっし のっし
うしろからだとザックが歩いてるように見えるなあ
ブOODO…
飯田行
東京から高速バスで約3時間半
長野県伊那市に向かいます
AM11:30
[中央道駒ケ根インター]
標高753m
中央道駒ケ根インター
次は 新宿・横浜・長野方面
飯田方面
少し歩いて路線バスに乗り換え
ちょっとドキドキする名前のバス停だ
K-07
女体入口
Nyotai-Iriguchi
駒ヶ岳ロープウェイ駅行
Bound for Komagatake Ropeway
路線図
そしてバスに揺られること約40分
駒ヶ岳ロープウェイしらび平駅に到着
すでに標高は1600mを超えています
しらび平駅
もう塔ノ岳の標高より上なんだ

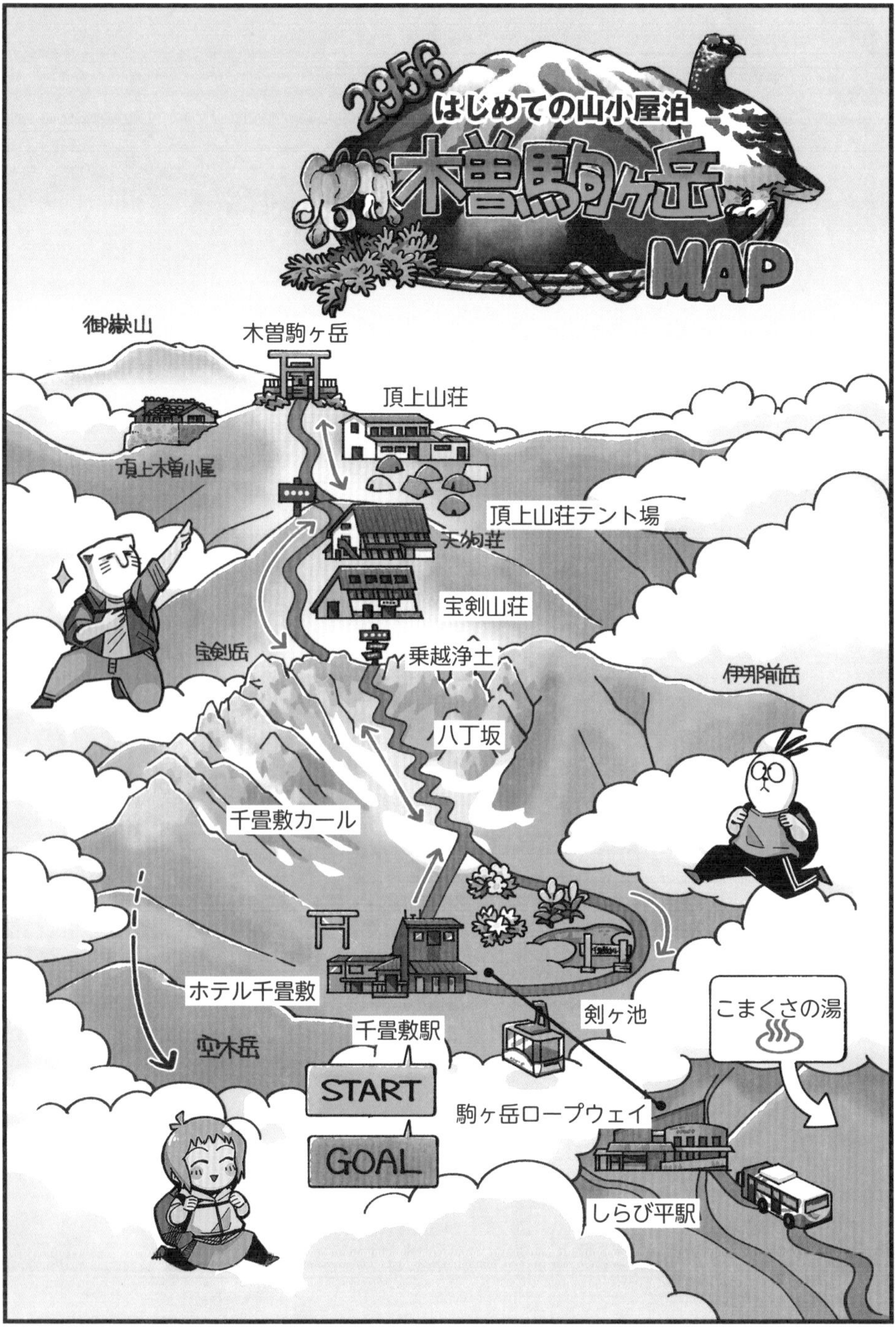

2956
はじめての山小屋泊
木曽駒ヶ岳
MAP
御嶽山
木曽駒ヶ岳
頂上山荘
頂上木曽小屋
頂上山荘テント場
天狗荘
宝剣山荘
宝剣岳
乗越浄土
伊那前岳
八丁坂
千畳敷カール
ホテル千畳敷
剣ヶ池
こまくさの湯
空木岳
千畳敷駅
START
GOAL
駒ヶ岳ロープウェイ
しらび平駅

ゴウン
ゴウン
駒ヶ岳ロープウェイはしらび平駅と千畳敷駅の高低差約1000mを約7分半で移動します
ゴウン
ゴウン
駅が見えなくなっちゃった
そしてあっという間に日本最高所駅に到着
標高 2612 米
日本最高所駅 千畳敷
中央アルプス駒岳 ロープウェイ
うわ寒っ！
初夏が過ぎてもうすぐ7月だというのに温度計は15℃を示していました
降りてすぐに千畳敷カールが見えるはずだけど…
嫌な予感がするんだよなあ

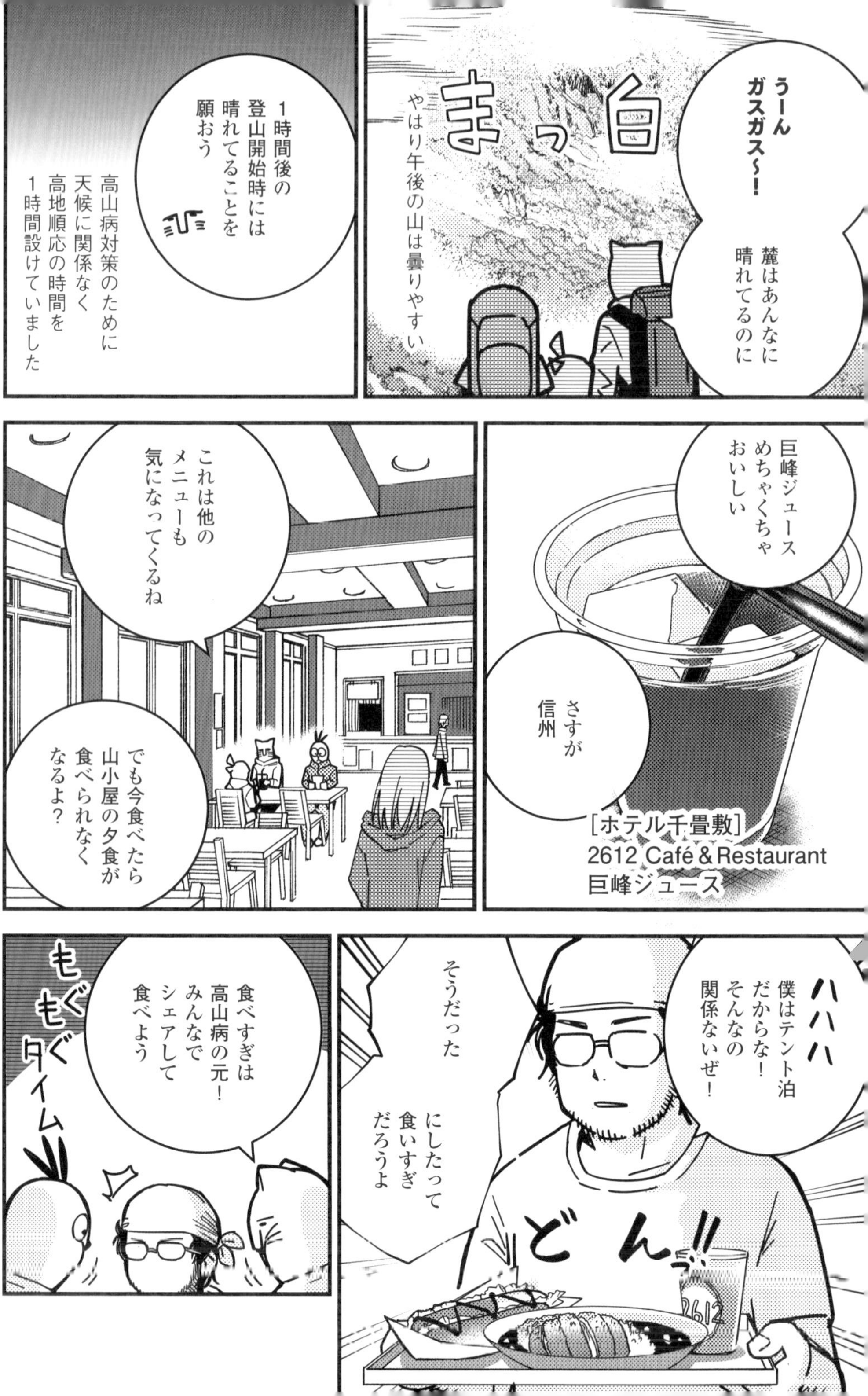

うーん ガスガス～！
麓はあんなに晴れてるのに
まっ白
やはり午後の山は曇りやすい
1時間後の登山開始時には晴れてることを願おう
高山病対策のために天候に関係なく高地順応の時間を1時間設けていました
巨峰ジュースめちゃくちゃおいしい
さすが信州
［ホテル千畳敷］
2612 Café & Restaurant
巨峰ジュース
これは他のメニューも気になってくるね
でも今食べたら山小屋の夕食が食べられなくなるよ？
ハハハ
僕はテント泊だからな！そんなの関係ないぜ！
どん!!
そうだった
にしたって食いすぎだろうよ
食べすぎは高山病の元！みんなでシェアして食べよう
もぐもぐタイム

信州駒ケ岳神社
PM1:30
天候が大して回復していないなか登山開始
白いもやの向こうに高山のたしかなオーラを感じていました
ゴゴゴ
威圧感がすごい
歩きはじめてすぐ
登山道が雪で覆われている!?
すべるから気をつけて
まだここは遊歩道エリア観光客向けでもあるので職員さんが滑らないようスコップで階段を作ってくれていました
たしかに涼しいけど雪が溶けないほどかなあ?
カールという特殊な場所にいることを実感します
カールとは氷河の侵食作用によりできたアイスをスプーンで削ったような地形のことをいいます
2万年前
現在
中央アルプスには千畳敷カールを含めいくつものカールがありこれらは約2万年前に発達した氷河により形成された地形です

遊歩道途中にある分岐から
八丁坂（千畳敷駅登山口）を登ります
ここから先は登山の装備が必要です
千畳敷駅登山口（八丁坂）
ここから先は登山の装備が必要です
遊歩道から見た
八丁坂の第一印象は
岩の壁
本当に
初心者でも
登れるの？
となりますが
近づいてみると
とても整備が行き届いた
登山道で歩きやすいです
岩が金網で
ブロック状に
まとめられている
急登ではあるけど
これなら余裕かな
ハァーハァ
ゼーハーゼーハー
おかしい
ハァ
ハァー
ハァ
ハァ
疲れるのが
早すぎる
調子が悪いのかも
しれない
ちょっと
早いけど
休憩打診
しよう
くる

あっ
みんなつらそう
標高が高いと
こうも違う
ものなのか
それにしても
景色いいな
フゥー
酸素が薄いの
実感するねえ
アスリートが
高地トレーニングに
求めてる負荷は
これか…
特に今の君は
ものすごい負荷が
かかっていそうだよ
もんてつ氏
そのあともこまめな休憩を挟みつつ
ジグザグジグザグ標高を上げていきます
ジグザグ
ジグザグ
時々ガスの切れ間から見える荒々しい岩肌
まだ拝めぬ千畳敷カールの全容を想像

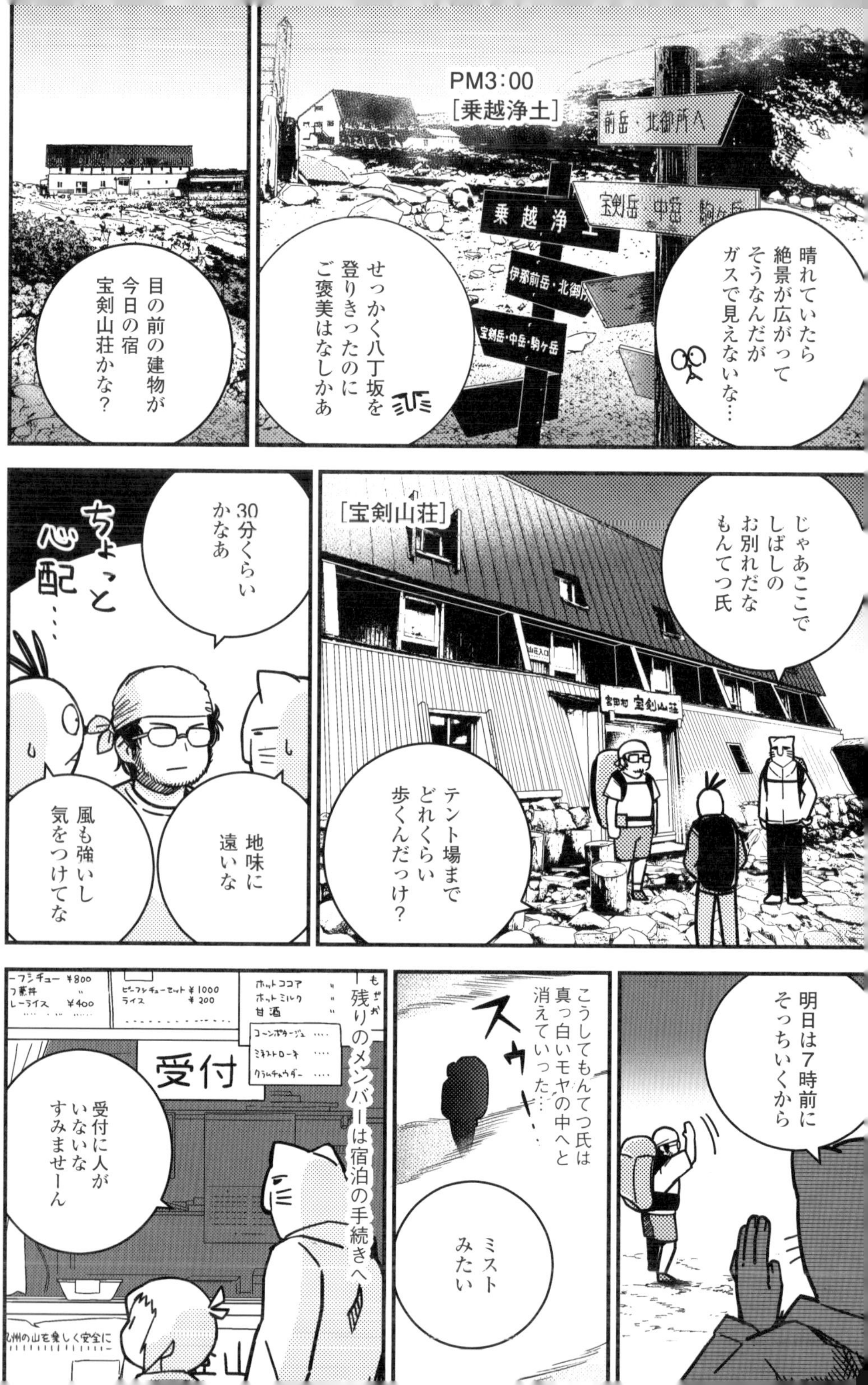
PM3:00
[乗越浄土]
前岳・北御所へ
宝剣岳・中岳・駒ヶ岳
乗越浄
伊那前岳・北御所
宝剣岳・中岳・駒ヶ岳
晴れていたら絶景が広がってそうなんだがガスで見えないな…
せっかく八丁坂を登りきったのにご褒美はなしかぁ
目の前の建物が今日の宿宝剣山荘かな？
[宝剣山荘]
山荘入口
宮田村 宝剣山荘
じゃあここでしばしのお別れだなもんてつ氏
テント場までどれくらい歩くんだっけ？
30分くらいかなあ
ちょっと心配…
地味に遠いな
風も強いし気をつけてな
明日は7時前にそっちいくから
こうしてもんてつ氏は真っ白いモヤの中へと消えていった…
スゥー…
ミストみたい
残りのメンバーは宿泊の手続きへ
ビーフシチューセット ¥1000
ライス ¥200
ホットココア
ホットミルク
甘酒
コーンポタージュ
ミネストローネ
クラムチャウダー
受付
受付に人がいないなすみませーん

ヌウウウウ
なんだぁ？ ここはおめえらのような初心者が来ていい場所じゃあねえぞぉ
山男
失礼しました 帰りまーす
やっぱり山小屋はとても怖いところでした
なんてことはなく話しやすそうなお兄さんが出てきました
予約のじゅごんです
お待ちしておりました〜
では 宿泊者カードの記入をお願いします
本日は1泊2食のご利用でお間違いないでしょうか？
宿泊者カード
はい
お支払いは現金でお願いいたします
山小屋は現金前払いのところが多いです 足りなくならないよう注意しましょう
でも近年では電波の安定している山域だとキャッシュレス決裁が可能な山小屋が増えてきました（時代ですね）
ではお部屋の案内…の前に施設の説明をさせていただきますね

小屋設備の案内や注意点の説明中
ペラペラペラペラ
受付
トイレの場所＆注意点
消灯時間＆注意点
食事時間＆注意点
下駄箱の場所＆注意点
△△△△
飲料水場所
＊＊＊＊＊
上X下BLYRA
上上下下左右左右BA
です
なるほどぉ よくわかりました
情報量が多くて途中から覚えきれなくなります
あとで にゃも氏に 聞こう
あとで じゅごん氏に 聞くか
とても恐ろしい集団心理であるが案外なんとかなった
説明が終わるといよいよ今日のお部屋に案内されます
キャラバンの登山靴多いな
登山靴を脱ぎ下駄箱へ他の登山者と取り間違えないよう工夫したほうがよいです
え？ もしかして ３人で貸切？
やった～

荷物は廊下に置き 貴重品を持ってベッドに横になる 夕食まで特にすることもないので ソシャゲで時間をつぶそうとするが 電波が不安定であきらめました
ナゾ理論
標高3000mなら ガチャでSSレアが 引けると思ったのに…
ヒュポ
電波不安定の中 テント場のもんてつから 設営完了のお知らせ
ーこをキャンプ地する
16:40
16:40
電波悪くて画像みれない
16:41 既読1
乙
16:41 既読1
乙
16:41
別行動となると 不安が募る一方だったので 無事を確認できてひと安心
PM5:00 [食堂]
この日の宝剣山荘の夕食は エビフライにアジフライ そしてデザートにわらび餅
こんな山の上で こんな贅沢 許されるんですかー?
標高2870mの 山小屋のごはん 「食べられればいい」 くらいの気持ちで 正直期待して いませんでした ごめんなさい
しかも ご飯とお味噌汁 お代わり自由?
どんだけぇ
山荘の消灯時間はPM8時ですが 御来光に備えPM7時に就寝…
明日御来光 見られるかな~?
あまり 欲求を表に 出すなよ?
その欲求に 反応して 天候が悪く なりかねない
山の天気ってそんな 物欲センサー的な システムだったの?

AM4:20
はじめての御来光
早めの就寝で無事AM4時に起床
宝剣山荘の前で待つこと十数分

東方が赤く燃えている
じーん
山に泊まらなければ見られない景色
山で朝を迎えることがこんなにも尊いものだとは
きれいだなあ
今頃もんてつ氏も同じ景色を見ているのかなあ
寝てそう

ほか
ほか
AM5:00
食堂で朝食
こんな場所で焼き魚が食べられるとは
下界のどんな高級料理よりも贅沢に感じるよ

AM6:30
少し早めのチェックアウト
もっと早い人は朝食なしで3～4時には出発しています
お世話さま～
居心地よかったなあ
宮田村 宝剣山荘
もう一泊
したい

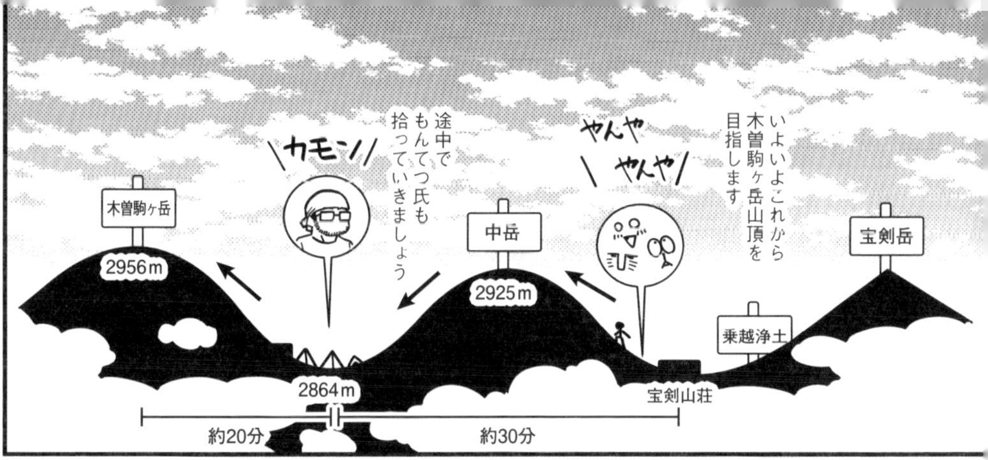
いよいよこれから木曽駒ヶ岳山頂を目指します
宝剣岳
乗越浄土
宝剣山荘
やんや
やんや
中岳
2925m
途中でもんてつ氏も拾っていきましょう
カモン
木曽駒ヶ岳
2956m
2864m
約30分
約20分

歩きはじめから雪の上
贅沢すぎる山歩き
こんな絶景が隠れていたのか
晴れてよかった〜

15分で中岳登頂
あっという間に着いちゃった
中岳山頂2925m

中岳山頂を抜けると目的の木曽駒ヶ岳山頂ともんてつ氏の待つテント場が見えてきました
木曽駒ヶ岳山頂
テント場
めっちゃいいとこ住んでるなあ

AM7:00
[頂上山荘テント場]
もんてつ氏と合流
16時間ぶりだな
もんてつ氏…って
なんか
やつれてないか?
あーたぶん
軽い高山病に
なってる
頭痛い
ゲッソリ
え
マジか
大丈夫?
山頂は3人で
行ってきてくれ
僕はもう少し
テントで休む
わかった
サッと登って
すぐテント場に
戻ろう
AM7:20
[木曽駒ヶ岳山頂]
いえーい
木曽駒ヶ岳登頂
居合わせた他の登山者さんに
頼んで記念撮影
高尾山の時はあきらめていたのに
成長を感じます
あれー!?
って
もんてつ氏
来てるッ!
やっぱり
みんなと一緒に
山頂踏みたくてな
そうだった
君はそういう
奴だったぜ
ありがとうな
フフフフ

チョロ
チョロロロロ。。
ズズ
ズズ…
御嶽山
3067m
フゥ
うまい!
今日のはちょっとお高いコーヒーですな?
いや いつもの百均で売ってるやつ
山頂で飲むコーヒーはなぜこうもうまいのか

AM8:50
山頂でコーヒーを嗜んだあと下山開始 雲の上の稜線歩きを1時間堪能して宝剣山荘の前まで来る
ヘルメットをレンタルして宝剣山も登ってみたい気持ちもあったけど もんてつ氏の高山病も心配だし今回はやめておこう
僕は高山病は関係なく登る気ないぞ 高所恐怖症だからな!
乗越浄土 晴れてるとこんなに展望のいい場所だったんだな
奥にあるの富士山じゃない? 長野に来て拝めるとは思わなかった
南アルプス
富士山
AM9:00
[乗越浄土]
昨日はガスで見られなかった景色を回収できてよかった
他に何かあったっけ?
どうだろう 今日は絶景しか見てないからなぁ 見尽くしたんじゃない?
とか話してる間に遊歩道まで下りてきたね
ロープウェイ千畳敷駅までもうすぐだ
千畳敷…
あ そうか

千畳敷カールだ

下山後の締めはやっぱり温泉
最近流行りのキャンプアニメの聖地でもあります
こまくさの湯
AM11:30
［こまくさの湯］
露天風呂からは先程までいた中央アルプスと千畳敷が見えます
（公式ホームページより）
よきかなー
※全員気がついていない
お風呂上がりには作品に出てきたミニソースカツ丼も欠かせません
うひょー うんまそー！
ミニソースカツ丼？
いや僕はさらにカツカレー冷やしとろろそばそれに唐揚げを付けるぜ
そうだった君はそういう奴だった
下山する頃には元気を取り戻したもんてつ氏やはり高山病には標高を下げるのが一番の特効薬のようです
まあ元気になってなにより
もぐ もぐ もぐ もぐ もぐ もぐ もぐ もぐ
みんなでシェアして食べようや

（長野県）

木《き》曽《そ》駒《こま》ヶ《が》岳《たけ》

ロープウェイで中央アルプスの最高峰へ

木曽駒ヶ岳（2956m）は中央アルプスの主峰で、その山容はなだらかで女性的。伊那谷から見て西側に位置するため、西駒ヶ岳とも呼ばれ、東駒ヶ岳とも呼ばれる南アルプスの甲斐駒ヶ岳と区別されている。

中央アルプスは天竜川と木曽川に挟まれた南北90㎞・東西20㎞の木曽山脈の総称で、2020年3月に「中央アルプス国定公園」として指定された。一般的には北部山地の経《きょう》ヶ《か》岳《たけ》から木曽駒ヶ岳、宝剣岳がそびえ立つ中央山塊を経て南部山地の恵那山までが中央アルプスと呼ばれており、北アルプス、南アルプス、八ヶ岳と並び日本の代表的な山岳エリアだ。

1967年に山岳観光用として駒ヶ岳ロープウェイがかけられ、登山者も観光客もわずか7分30秒で標高差950mを駆け上がり、標高2612mの千畳敷まで到達できるようになったが、一気に標高が上がるため、高山病対策で千畳敷で少し体を慣らしてから登山を開始したい。

千畳敷カールは約2万年前の氷河時代末期、氷河の流れにより侵食されて形成されたカール（半円状の窪地）で、畳を千枚敷いた広さに例えられたのが名前の由来。

季節カレンダー

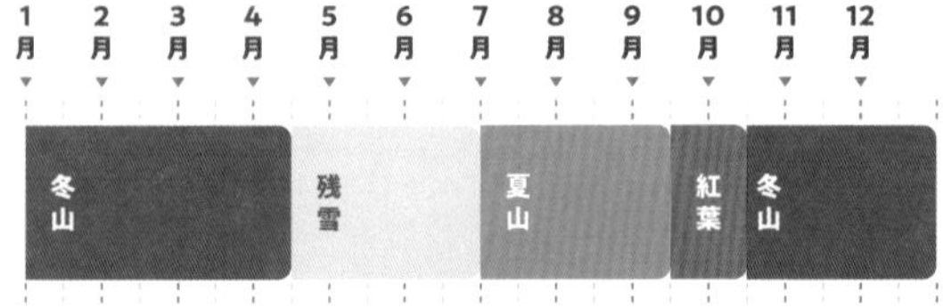

じゅごんMEMO

期待と不安を抱えながらはじめて登った高山が木曽駒ヶ岳！ 一番の不安は高山病でしたが、私はどうやら順応しやすい体質だったようで、大変な思いをすることもなく楽しめました。はじめて見る御来光や雪の上の稜線歩きの衝撃はすさまじく、これを機に遠征登山を積極的に計画するようになりました。

DATA

所在地	長野県上松町、木曽町、宮田村
標高	2956m
累積標高	上り475m 下り475m
歩行距離	3.7km
歩行時間	3時間29分
無雪期	7月上旬～10月上旬
開山日	なし

スタート地点までのアクセス

電車・バス　JR飯田線駒ヶ根駅からしらび平駅行きの路線バスで終点へ。ロープウェイしらび平駅から千畳敷駅へ

車　中央自動車道駒ヶ根ICより菅の台バスセンターへ。駐車後、しらび平駅行きの路線バスで終点へ。ロープウェイしらび平駅から千畳敷駅へ

体力度	★★☆☆☆
技術度	★★☆☆☆
絶景度	★★★★★
グルメ度	★★★☆☆
アクセスのしやすさ	★★☆☆☆

山小屋泊アイテム編

モバイルバッテリー

汗拭きシート

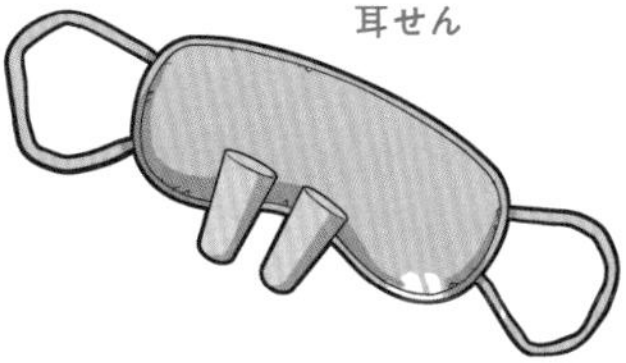

アイマスク
耳せん

自由に使えるコンセントはない

山小屋は山の中にあるため、ホテルや旅館と異なり設備の制限がある。ここでは山小屋泊の際にあると便利なアイテムを紹介しよう。

基本的にお風呂やシャワーはないので山小屋に到着したら汗拭きシートで汗をしっかりと拭いて次の日に備えたい。多くが自家発電に頼っている山小屋では、自由に使えるコンセントはない（一部有料で使える場合もある）ため、モバイルバッテリーとコードは必須。防水対策もしておきたい。また、他の登山者と大部屋で一緒に寝ることが多く、夜中に物音、いびき、まわりの明かりでぐっすり眠れないこともあるので、耳栓やアイマスクもあると便利。なお、枕はある山小屋は多いが、枕カバーはないこともあるので、気になる人は手ぬぐいを持参しカバー代わりに使うとよい。環境への影響を考慮し、基本的に石鹸や歯磨き粉はNG。歯磨きはブラッシングのみ行うようにしよう。

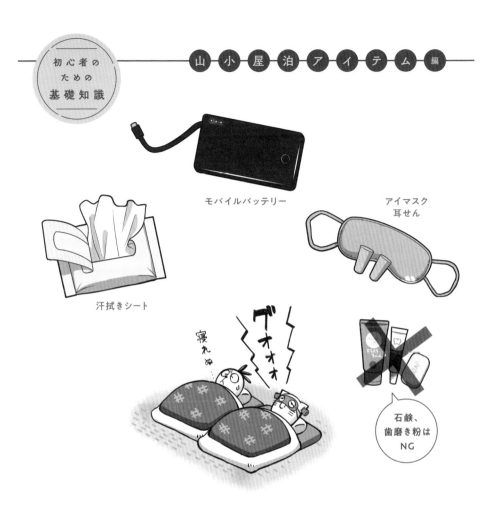

木曽駒ヶ岳コースMAP

中岳を迂回する巻き道ルートもあるが、切れ落ちた岩場を進むルートなので危険度が高い

剣ヶ池からは池に映る「逆さ宝剣岳」を見ることができる
千畳敷
カール
剣ヶ池
宝剣岳へ登る道は岩場や鎖場が続く上級者向けルート。初心者には危険なので間違えて入らないように注意
Ⓗホテル千畳敷
START
GOAL
千畳敷駅
駒ヶ岳ロープウェイ
N
0
100m

行きは分岐から先、八丁坂が急登になっているので、ペースを保ってゆっくり登る

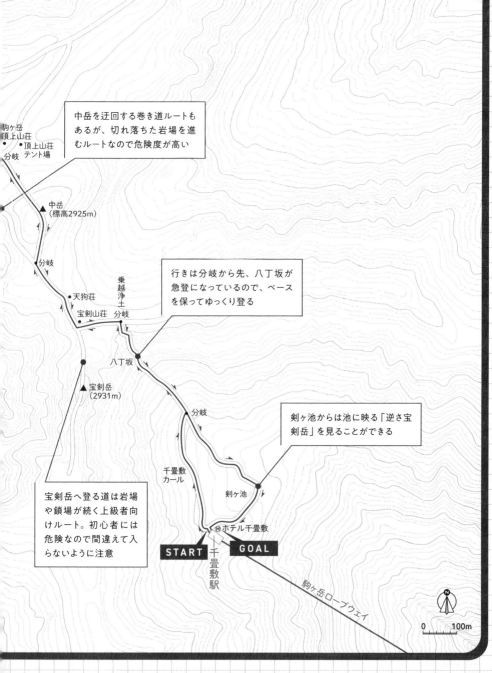

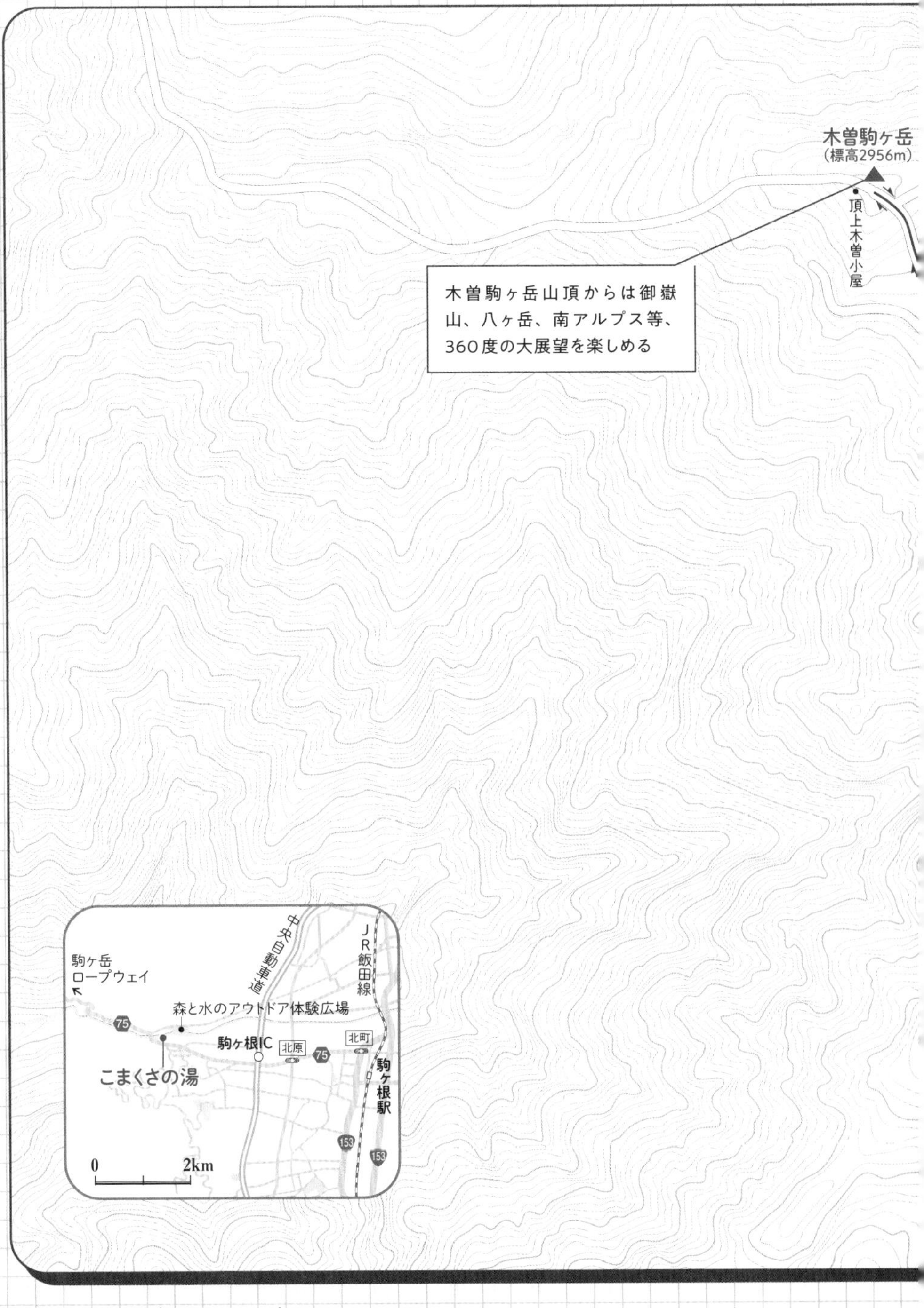
木曽駒ヶ岳
(標高2956m)
頂上木曽小屋
木曽駒ヶ岳山頂からは御嶽山、八ヶ岳、南アルプス等、360度の大展望を楽しめる
中央自動車道
JR飯田線
駒ヶ岳
ロープウェイ
森と水のアウトドア体験広場
75
駒ヶ根IC
北原
北町
75
駒ヶ根駅
こまくさの湯
153
153
0
2km

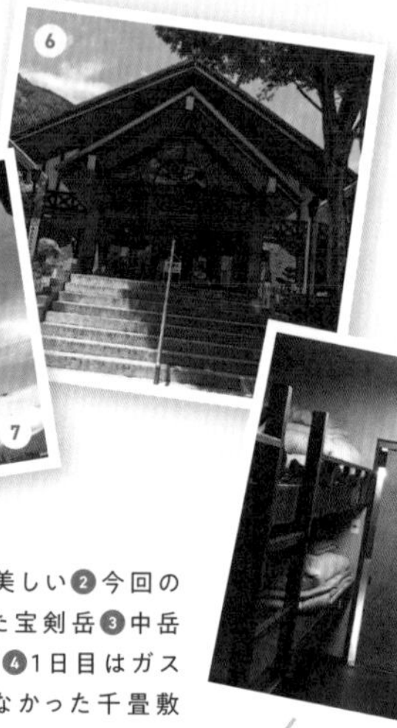

あーら
いらっしゃい♡

今夜は貸切!

❶中央アルプスの稜線が美しい❷今回の計画ではおあずけとなった宝剣岳❸中岳から見る木曽駒ヶ岳山頂❹1日目はガスのために見ることができなかった千畳敷カールも翌日はこのとおり!❺4人部屋が貸切状態でラッキーでした❻聖地巡礼!下山後の温泉はこちら❼ムフ♡なバス停

ぐらんぶるーっ!

ご飯とお味噌汁は
お代わりOK！

つらたん…

❽ちょっぱや! みるみるうちに雲の上へ❾太陽「どうだ明るくなったろう?」❿貸切状態の朝の登山道。山小屋泊の特権です⓫宝剣山荘から数十分で中岳到着⓬奥に見えますは南アルプスとちょこんと富士山⓭山でこんな贅沢が許されるんですか?⓮聖地のソースカツ丼! 俺はし○りん。誰がなんと言おうと俺はし○りんなんだ!⓯高山病発症中、ぐったりしてます⓰青空の下、雲の上でコーヒーブレイク⓱高山なので沸点が低いです

おまけマンガ

エスプレッソ

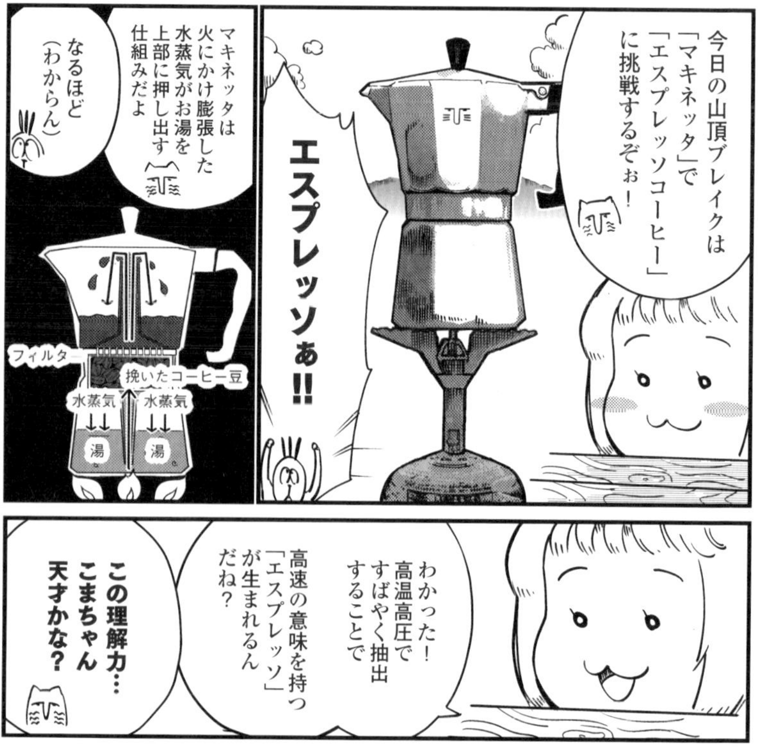

※蓋をして淹れないとやけどの原因になります

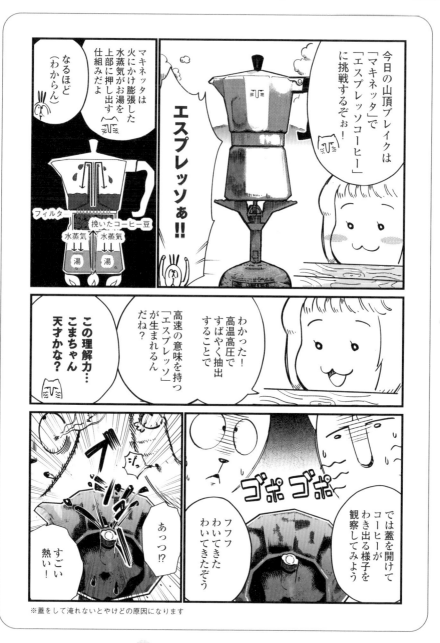

これがエスプレッソ
ウム実にいい香りだ
くい
くい
では…
苦い！
ククク…
本場イタリアでも砂糖を山盛り入れて飲むのが一般的だからな！
砂糖…砂糖を…
だがここは山奥山盛りの砂糖などあるはずもなく…！
なんでエスプレッソ淹れようと思ったの!?

このままだと飲むのがキツいというそこのあなた「アメリカーノ」という飲み方を試してみようか
アメリカーノ？
エスプレッソはその淹れ方ゆえ少量に凝縮されとても濃い
それをお湯で薄めて飲むスタイルなんダYO☆
Yeah
ESPRESSO
HOT WATER
AMERICANO
OH…
ニガスギテ
NOメマセーン!!
第二次大戦中イタリアにいたアメリカ兵がそうやって飲んだのが由来なんだとか
ズズ…
ではいざ
あっつい！
お湯熱すぎた！
冷ましたらめちゃ美味でした

第5座

Let's start mountain climbing from today!

はじめての山ごはん

（神奈川県）

標高
196m

標高
243m

浅《せん》間《げん》山《さん》〜権《ごん》現《げん》山《やま》

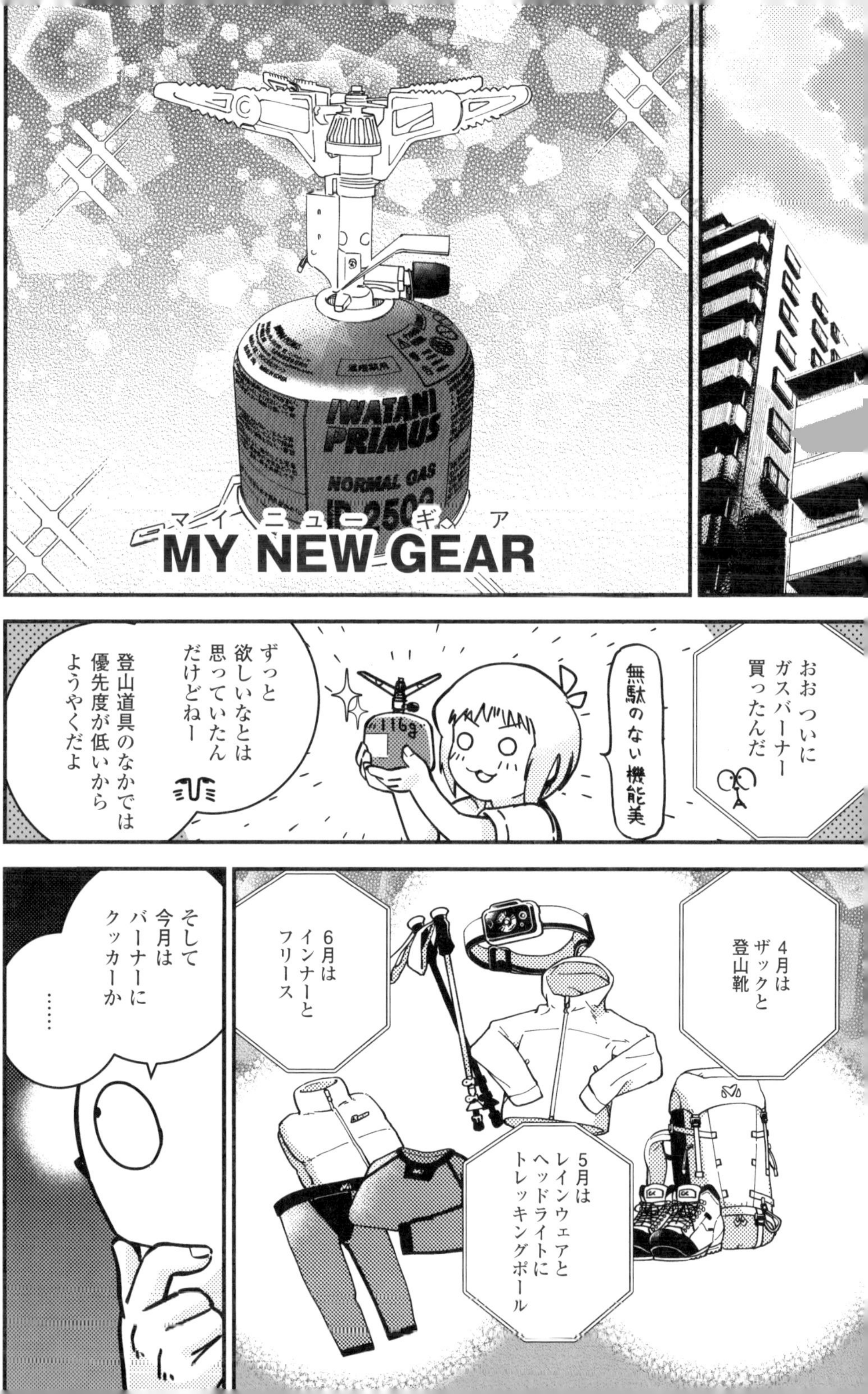
IWATANI PRIMUS
NORMAL GAS
MY NEW GEAR《マイニューギア》
おおついにガスバーナー買ったんだ
無駄のない機能美
ずっと欲しいなとは思っていたんだけどねー
登山道具のなかでは優先度が低いからようやくだよ
4月はザックと登山靴
5月はレインウェアとヘッドライトにトレッキングポール
6月はインナーとフリース
そして今月はバーナーにクッカーか……

あれ？私たち
登山はじめてから
数か月でいくら
使って…？
登山は
道具を揃えて
しまえばあとは
お金のかからない
趣味だから！
先行投資
だから！
自分に言い
聞かせてる？
じゃあ次は
山ごはんが
メインの登山を
しようか
あ
それなら
気軽に登れて
景色のいい山
知ってるよ
条件を守れば
火気の使用も
許可されている
場所なんだ
いいねえ
[秦野駅]
翌日
秦野駅

登山者と秦野名物のタバコ音頭を表現したカラクリ時計台
今日登る権現山は俺がトレーニングで何度も登っているホームマウンテン
大船に乗ったつもりでついてきてくれ
今回は時計台が立っているまほろば大橋の下に続く
水無川 ハイキングコース
ダンジョンの入り口のような階段がスタートです
ジーワ
ジーワ
それにしても暑い
8月だからねえ
水無川の河川敷を歩いて登山口を目指します
今回は下流に向かって歩いているけど上流だと秦野戸川公園に出るらしいよ
約7.5km 2時間コースの名物 風の吊橋
塔ノ岳の登山口がある所かあ
[水無川ハイキングコース]
ジーワ
ジーワ
歩いたことのある場所へ繋がるワクワク感わかる？
わかるわ～なめこ汁縦走で高尾山に着いた時興奮したもん
30分後登山口に到着
弘法山公園入口

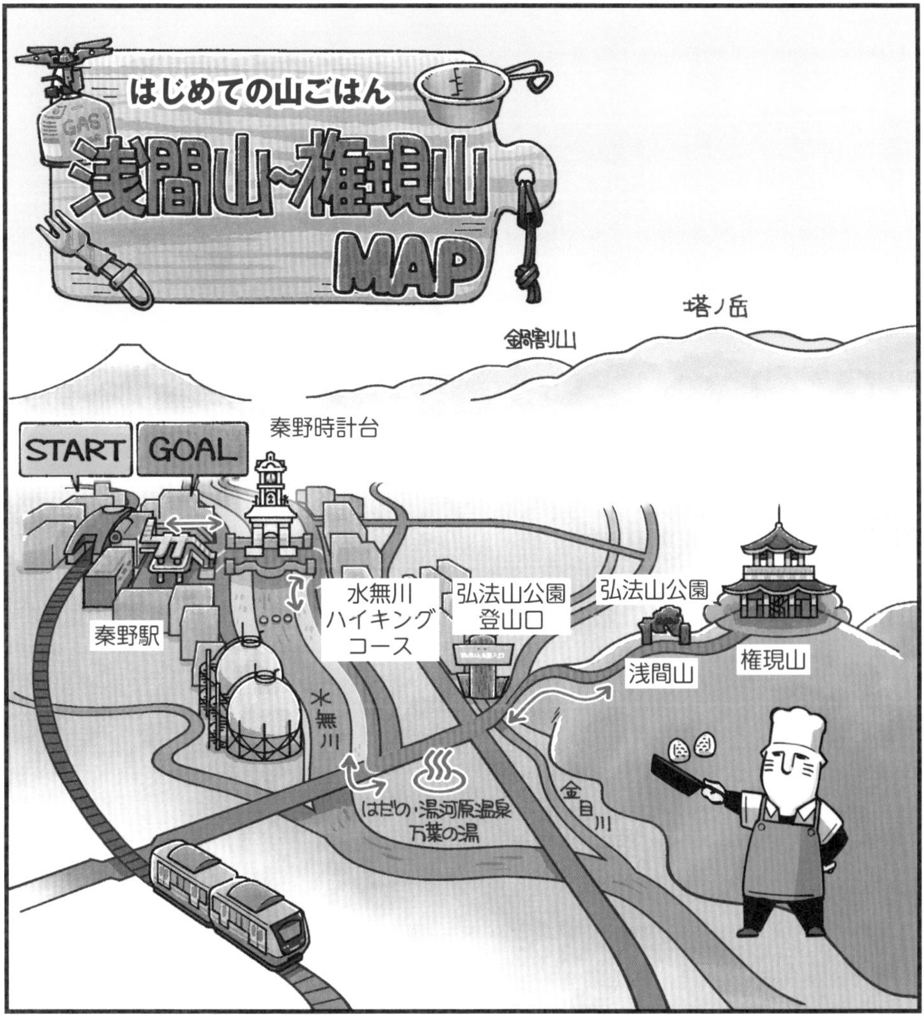
はじめての山ごはん
GAS
浅間山~権現山
MAP
塔ノ岳
鍋割山
秦野時計台
START
GOAL
水無川
ハイキング
コース
弘法山公園
登山口
弘法山公園
秦野駅
浅間山
権現山
水無川
金目川
はだの・湯河原温泉
万葉の湯

登山開始から15分ほどで
浅間山を通過
さらに15分ほど登ると
浅間山

本日のパーティ会場
権現山の山頂が見えてきました
ミーン
ミンミン
ミーン
ミンミン
ホントに気軽に
登れたなあ

権現山は標高２４３ｍと高尾山の半分にも満たない低山ではありますが展望台からの景色は圧巻のひと言 関東の富士見百景にも選出されています
1時間にも満たない登山でこの景色は反則でしょ
展望台内部も気合い入ってる
ふふふ すごかろう
この展望台の魅力はそれだけじゃあないんだぜ？
…ッ! まさか今日の山ごはん会の会場は!?
ご明察!
1階には誰でも利用できるピクニックテーブルとベンチが設置されております
完璧すぎる…

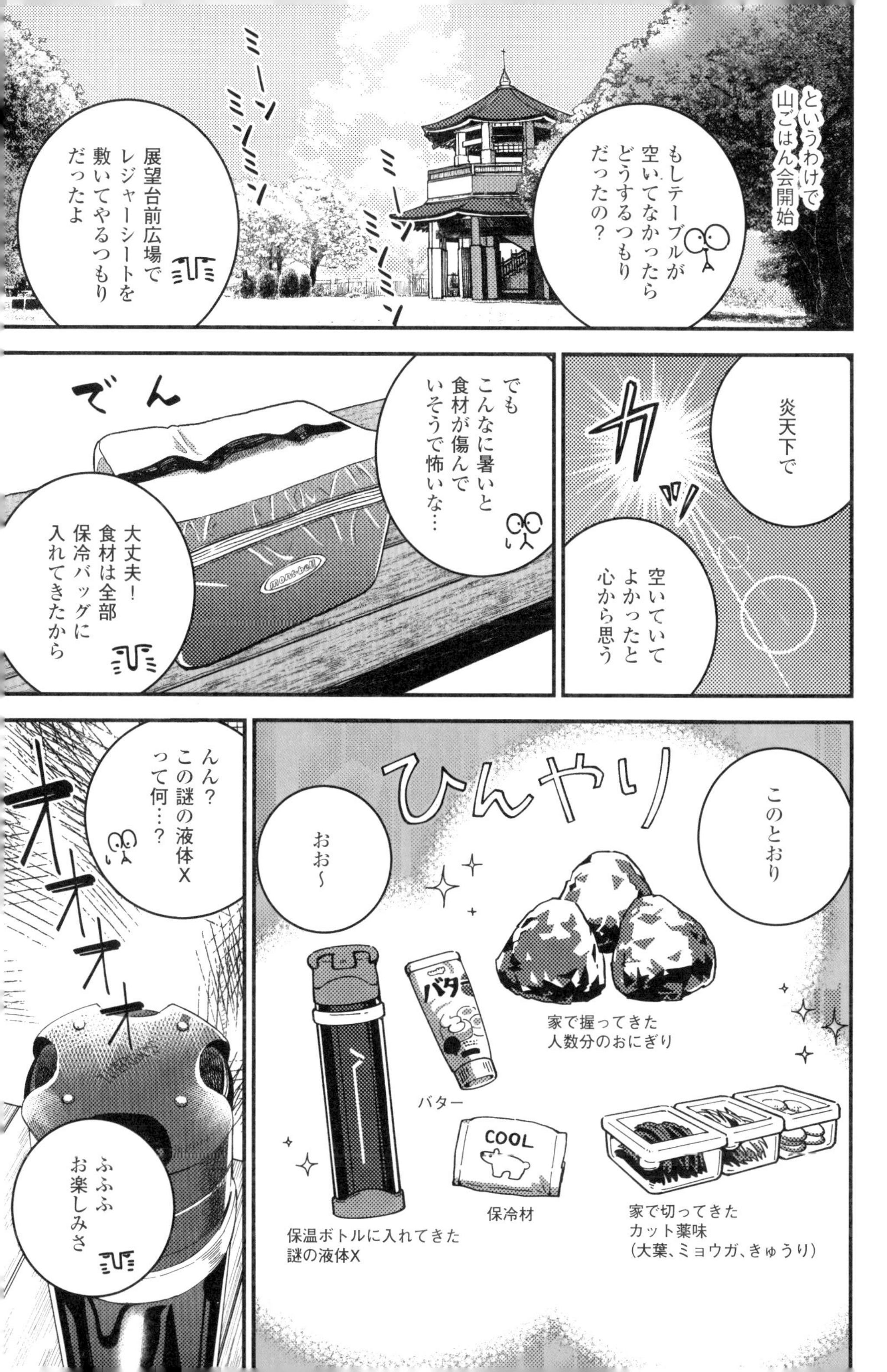
というわけで
山ごはん会開始
もしテーブルが
空いてなかったら
どうするつもり
だったの？
ミーンミンミンミン
ミーンミンミンミン
展望台前広場で
レジャーシートを
敷いてやるつもり
だったよ
炎天下で
カッ
空いていて
よかったと
心から思う
でも
こんなに暑いと
食材が傷んで
いそうで怖いな…
でん
大丈夫！
食材は全部
保冷バッグに
入れてきたから
このとおり
ひんやり
おお～
家で握ってきた
人数分のおにぎり
バター
バター
COOL
保冷材
家で切ってきた
カット薬味
（大葉、ミョウガ、きゅうり）
保温ボトルに入れてきた
謎の液体X
んん？
この謎の液体X
って何…？
オオオオ
ふふふ
お楽しみさ

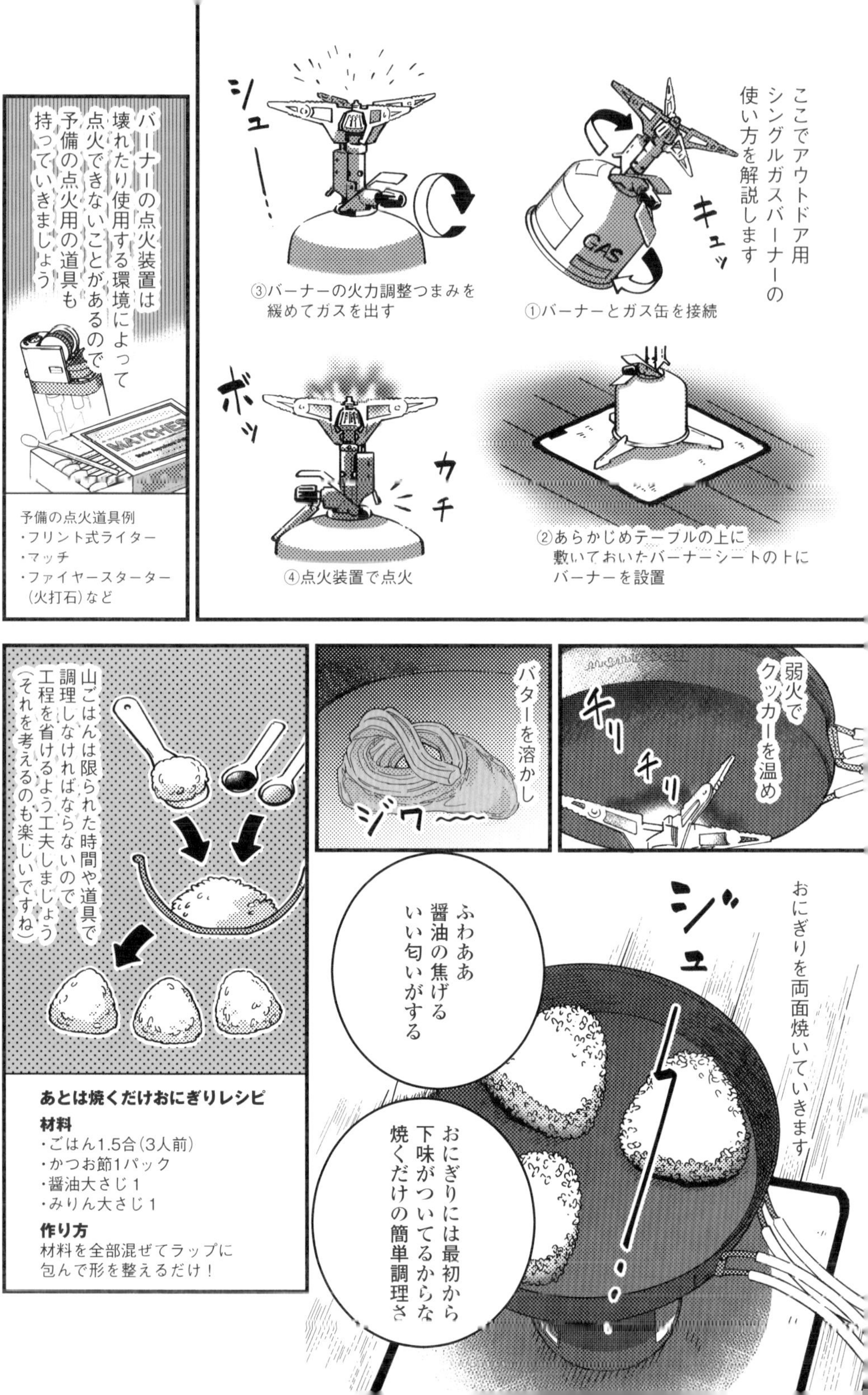

ここでアウトドア用シングルガスバーナーの使い方を解説します
キュッ
①バーナーとガス缶を接続
②あらかじめテーブルの上に敷いておいたバーナーシートの上にバーナーを設置
シュー
③バーナーの火力調整つまみを緩めてガスを出す
ボッ
カチ
④点火装置で点火
バーナーの点火装置は壊れたり使用する環境によって点火できないことがあるので予備の点火用の道具も持っていきましょう
WATCHES
予備の点火道具例
・フリント式ライター
・マッチ
・ファイヤースターター（火打石）など
弱火でクッカーを温め
チリチリ
バターを溶かし
ジワ〜〜
おにぎりを両面焼いていきます
ジュ
ふわああ醤油の焦げるいい匂いがする
おにぎりには最初から下味がついてるからな焼くだけの簡単調理さ
山ごはんは限られた時間や道具で調理しなければならないので工程を省けるよう工夫しましょう
（それを考えるのも楽しいですね）
あとは焼くだけおにぎりレシピ
材料
・ごはん1.5合（3人前）
・かつお節1パック
・醤油大さじ1
・みりん大さじ1
作り方
材料を全部混ぜてラップに包んで形を整えるだけ！

かつお節香る
バター醤油焼きおにぎり
ホカホカ
ホカホカ
熱いから カトラリーで ほぐしながら 食べてね
うまい!
かつお節と バター醤油の おこげが香ばしくて 食欲そそるなあ
ハフハフ
気に入った! この料理を作った シェフを呼んでくれ
私で ございます
茶番が はじまった
二人とも 半分食べたら 第2フェーズに 移行するから 言ってね
そういえば 薬味とか謎の液体X まだ使ってなかったな
ドプ
ドプ
食に関しては 保守に回りたく ないよねえ
せめて その汁がなんなのか 教えてほしいなあ

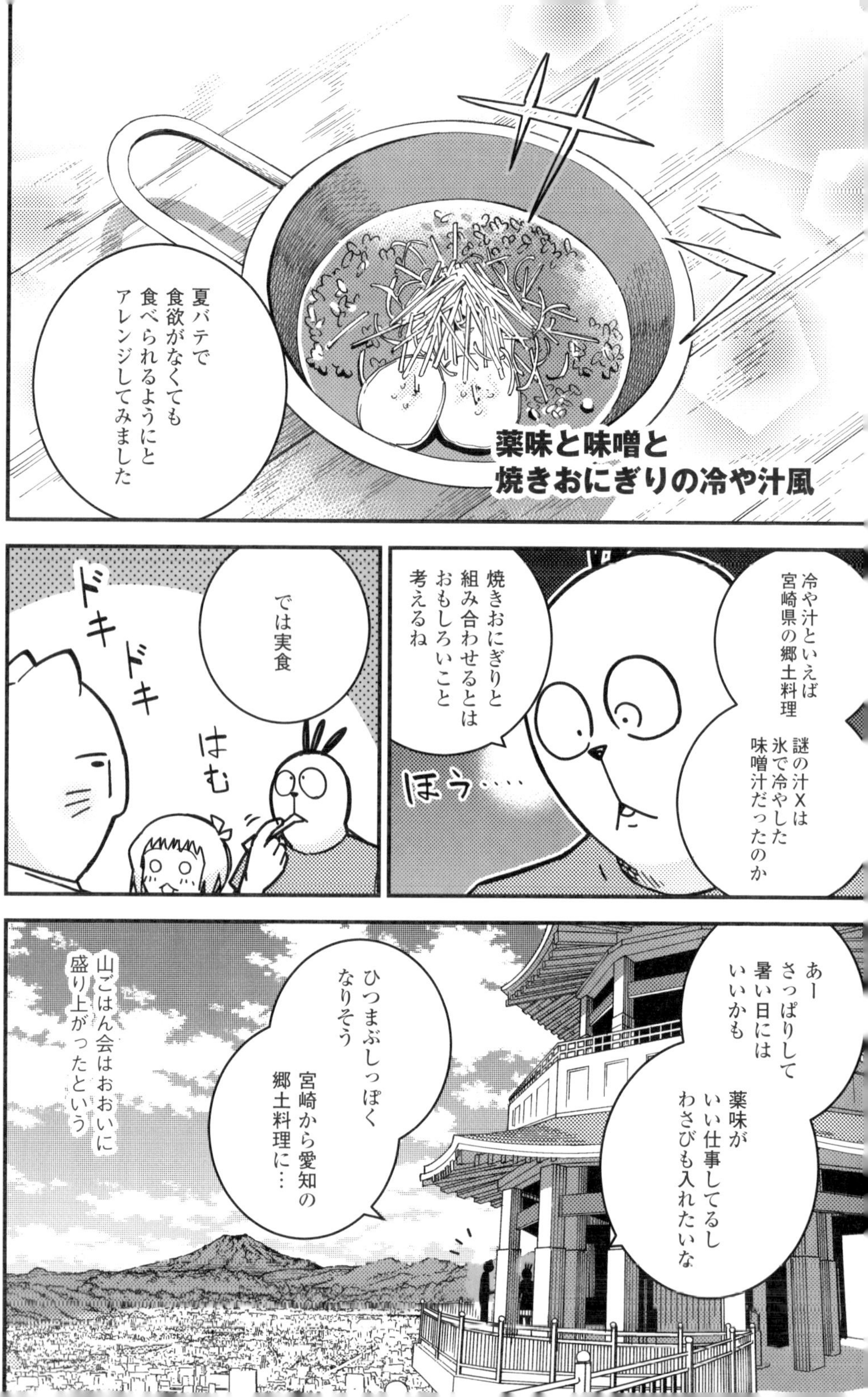
夏バテで
食欲がなくても
食べられるようにと
アレンジしてみました
薬味と味噌と
焼きおにぎりの冷や汁風
冷や汁といえば
宮崎県の郷土料理
謎の汁Xは
氷で冷やした
味噌汁だったのか
ほう…
焼きおにぎりと
組み合わせるとは
おもしろいこと
考えるね
では実食
ドキ
ドキ
はむ
あー
さっぱりして
暑い日には
いいかも
薬味が
いい仕事してるし
わさびも入れたいな
ひつまぶしっぽく
なりそう
宮崎から愛知の
郷土料理に…
山ごはん会はおおいに
盛り上がったという

翌日
バーナーやクッカーも買って 登山道具もひととおり揃ってきたし
我々もようやく出費が落ち着きそうな感じかな？
うーん…まあそうなるかな？
ん？なんだか歯切れ悪いな
実は再来月家族旅行で上高地の涸沢カールに行くことになったんだ
中部山岳国立公園
涸沢ヒュッテ
KAMIKOCHI
NAGANO
上高地！登山民憧れの聖地北アルプスのリゾート地！いいじゃない！
そこで現地の宿泊方法に悩んでいてなあ
宿泊方法…？今の我々の持ち道具だと山小屋泊一択では？
まさかじゅごん氏
せ…先行投資だから！

ハイキングコースでのんびり山ごはん

浅《せん》間《げん》山《さん》～権《ごん》現《げん》山《やま》

（神奈川県）

小田急線の秦野《はだの》駅から水無川沿いを歩く本コース。道路から下がった河川敷を歩くのが気持ちがいい。コースから少し外れたところには、昔々弘法様が杖で突いて3日経ったら水が湧き出てきたという伝説がある「弘法の清水」もあり、環境省により「全国名水百選」に選定されている。

浅間山、権現山、弘法山の一帯は弘法山公園と呼ばれており、県立自然公園に指定されている。春には約1400本の桜が咲き誇り、多くのハイカーでにぎわう。公園内の随所から富士山も眺望でき、初夏のアジサイ、夏のヤマユリ、秋の紅葉など、年間を通して楽しむことができる。

権現山山頂エリアは広大な芝生の広場になっており、山ごはんを作るハイカーも多い。山頂には展望台があり、富士山、箱根の山々、相模湾、丹沢の山々と360度の展望を楽しめる。

今回紹介しているのは秦野駅から浅間山を経て権現山までを往復するコースだが、権現山から先へ進んで弘法山、善波峠、吾妻山を経て鶴巻温泉駅へ下る縦走ルートは、「弘法山公園・吾妻山コース」として秦野市の人気のハイキングコースとなっている。

季節カレンダー

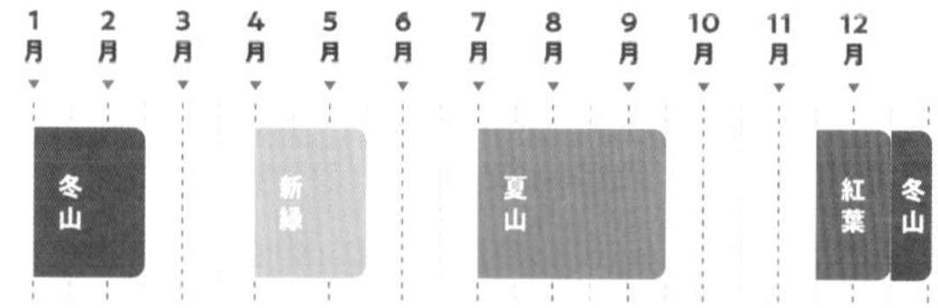

じゅごんMEMO

山ごはんといえば、はじめて山小屋でカップラーメンを食べた時の衝撃が忘れられません。食べ慣れたはずの味が何十倍、何百倍とおいしく感じました。ただし、お値段もそれなりにするので、自分で作るようになったのも自然な流れですね。山ごはんが楽しめるようになると登山の楽しみ方の幅も広がります。

DATA

所在地	神奈川県秦野市
標高	浅間山196m、 権現山243m
累積標高	上り212m 下り212m
歩行距離	4.3km
歩行時間	1時間50分
無雪期	3月～11月
開山日	なし

スタート地点までのアクセス

電車・バス　小田急線秦野駅下車

車　東名高速秦野中井ICから県道71号を北へ。秦野駅周辺やジンギスカンレストラン木里館近くに駐車場あり

体力度	★☆☆☆☆
技術度	★☆☆☆☆
絶景度	★★★☆☆
グルメ度	★☆☆☆☆
アクセスのしやすさ	★★★★★

初心者のための基礎知識　山ごはん編

まずはバーナーとクッカーを揃える

山ごはんを作るのは楽しいもの。おいしく作れた場合は登頂した時の喜びが倍増する。ここでは必要な道具を紹介しよう。

バーナーには五徳とガス缶を直結させる一体型、五徳とガス缶が分かれている分離型があり、燃料にはガス、ガソリン、アルコールがあるが、最初の一台は一体型ガスバーナーにすると扱いやすくて便利。ガス缶の種類はOD缶とCB缶があるが、コンパクトであることと、高所でも使用できることから登山ではOD缶が一般的に使われる。クッカー（コッヘル）はアルミ、チタン、ステンレス素材があるが、登山では軽量性からチタンやアルミがオススメ。形状はメスティンに代表される角型かバランスよく使える丸型を。また、高所だとバーナーに付属の点火装置が機能しない場合があるが、フリント式ライターを使えば着火できる。フォーク、箸、スプーンなどのカトラリーもお忘れなく。

浅間山〜権現山コースMAP

弘法山公園は直火禁止です。直火とは「地面の上に直接薪を組んで焚き火をすること」で、つまり「地面の上で焚き火をしてはいけない」ということになります。火気の使用については施設や場所により規定が異なるので、事前に必ず確認してください。バーナー等の使用に際しては周囲の人にも注意し、安全第一でお願いします。
ジンギスカンレストラン
木里館
弘法山
(235m)
浅間山の手前には富士山を見ることができる場所がある。春には桜の花で一面が覆われる
権現山
(標高243m)
弘法山公園
浅間山
(標高196m)
権現山山頂にある弘法山公園展望台からは富士山、表丹沢、箱根の山々、相模湾まで見渡せる
62
N
0
100m

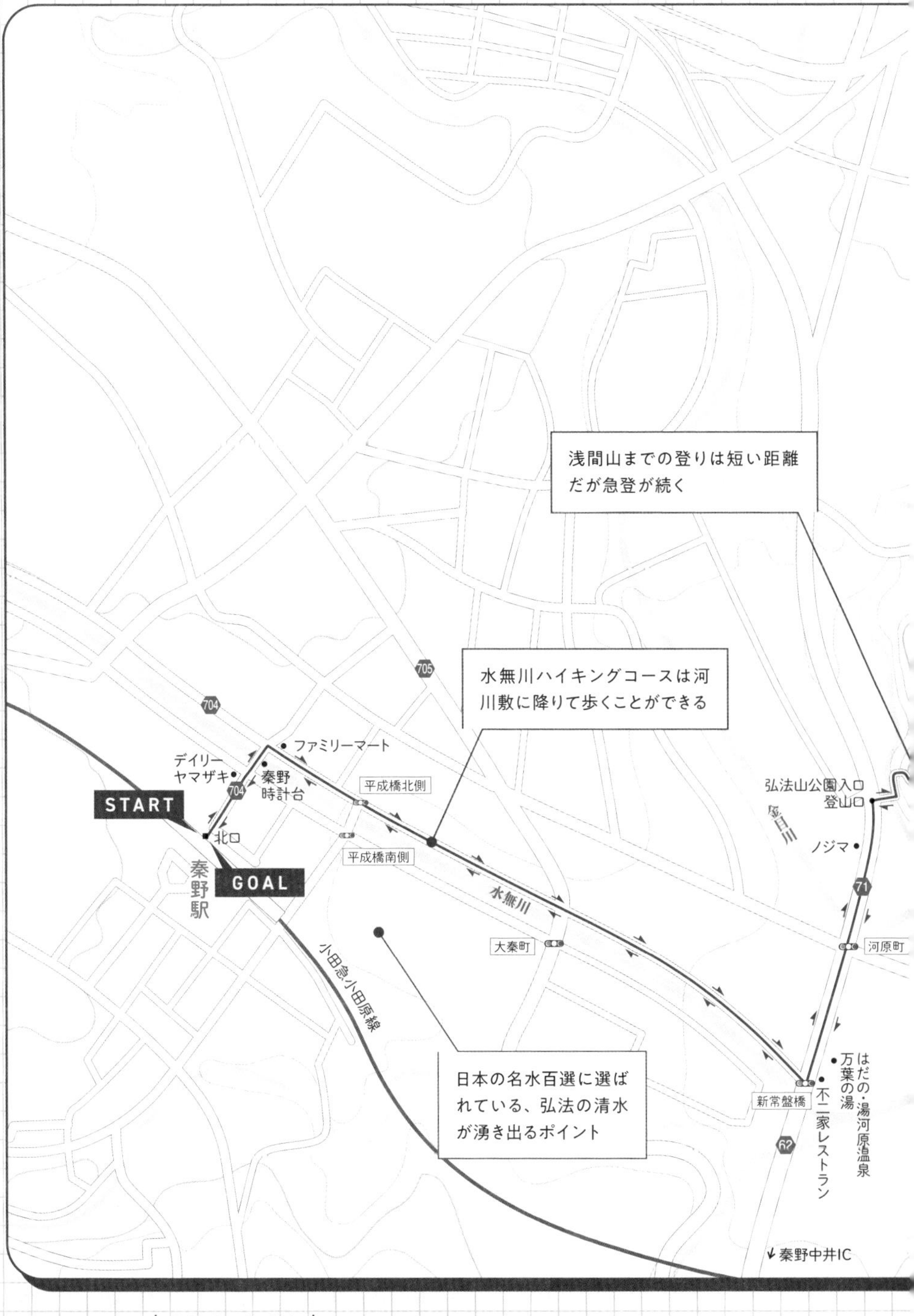
浅間山までの登りは短い距離
だが急登が続く
水無川ハイキングコースは河
川敷に降りて歩くことができる
ファミリーマート
デイリー
ヤマザキ
秦野
時計台
平成橋北側
平成橋南側
START
北口
GOAL
秦野駅
水無川
小田急小田原線
大秦町
日本の名水百選に選ば
れている、弘法の清水
が湧き出るポイント
弘法山公園入口
登山口
金目川
ノジマ
河原町
新常盤橋
はだの・湯河原温泉
万葉の湯
不二家レストラン
↓秦野中井IC

浅間山〜権現山 | フォトギャラリー

2

3

1

5

4

7.5km 歩けば
秦野戸川公園へ

6

ここからも
富士山が見える!

❶権現山の山頂にある展望台。五重塔ならぬ二重塔!❷近所にあったら毎日のお散歩コースになること間違いなし❸暑い日はここで涼む人が多いです❹時計台は秦野駅前のシンボルです❺ここがダンジョンへの入り口です❻水源の丹沢まで歩くのもいいですね

❼弘法山へと続く階段❽登山口近くには温泉もあるので、帰りに立ち寄るのもいいですね❾距離は短くても山道です。装備はしっかりと準備しましょう❿実は足元に車が走っています⓫展望台から見える秦野の街並みと富士山。夜景もおすすめです⓬広場側も景色がいいです⓭公園のあちこちにモニュメントが設置されています⓮梅雨の時期は紫陽花がきれい⓯風変わりなトイレがあります

おまけマンガ

V S. ゲーム

第6座

Let's start mountain climbing from today!

はじめてのテント泊

（長野県）

標高 2300m

標高 3190m

涸《から》沢《さわ》カール～奥《おく》穂《ほ》高《たか》岳《だけ》

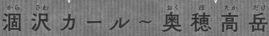

秋
じゅごん氏たちが登山デビューしてからはじめての紅葉シーズンが到来
明日登る涸沢カールは今(9月下旬から10月中旬)が見頃なんだ
家族旅行で行くんだよね
そう だから今回はこまちゃんお留守番なんだ
そうなんだ
涸沢カール
標高3000m級の稜線が連なる穂高連峰の氷河が作り出した、日本最大級のカール。北アルプスの玄関口のひとつである上高地から、距離約16km・約6時間を自分の足で歩かなければたどり着けない秘境。秋になると日本一とも名高い山岳紅葉の絶景が楽しめます。
東北の山も今が見頃らしいよ
高尾山や丹沢山は11月中旬から12月上旬だってさ
紅葉のピークを狙って登山計画を立てるのもおもしろそうだね
※丹山大山の紅葉ライトアップの様子
紅葉のピークは北海道から沖縄へと南下します
北上する桜前線とは逆ですね

それにしても贅沢だなあ
初めての紅葉登山が北アルプスで
はじめてのテント泊やっちゃいまーす
※家族は山小屋泊
ドヤァ
なんか腹立つな
先を越されたから余計に……
……実はもうひとつ計画してることがあるんだ
この話は家族にも事前に通してある
え？ なに真面目な話？
涸沢の翌日は奥穂高岳に挑戦しようと思います
奥穂高！ それは随分と思いきったね
奥穂高岳は北アルプスに位置する標高3190mの山。登山難度は高く、一般の登山ルートでも技術と経験が必要です。登山前には慎重な計画と気象状況や登山者向けの情報を確認することが重要です。
決行するかは当日の天候や自分のコンディション
現地で登山道の様子を直接確認してから判断する
いつも以上に慎重 それでいいと思うよ
でもほんと気をつけてね
「あの時止めておけば…」ってなりたくないから
うん

衣
①予備行動着（1セット）
②防寒着
③下着類
ばんッ！
×2
×2
■下着類
ワークマン
靴下メリノウール60%
安いのに暖かくて防臭効果が高い（約200g）
メーカー不明
パンツ（約150g）
■防寒着
ユニクロ
ウルトラライトダウン（約200g）
■ベース&ドライレイヤー
カリマー
アウトレットで購入（約180g）
モンベル
ジオラインL.W.（約120g）
■ミッドレイヤー
バーグハウス
好日山荘で購入（約250g）
合計
約1.1kg

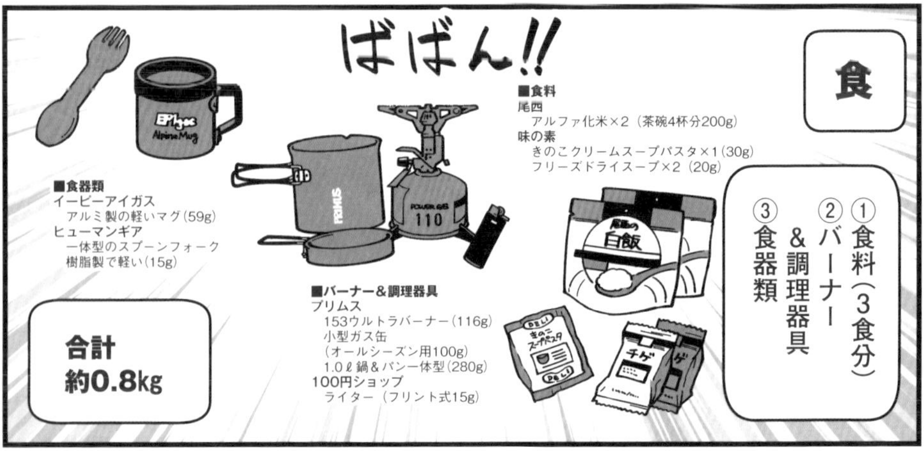
食
①食料（3食分）
②バーナー&調理器具
③食器類
ばばん!!
■食料
尾西
アルファ化米×2（茶碗4杯分200g）
味の素
きのこクリームスープパスタ×1（30g）
フリーズドライスープ×2（20g）
■食器類
イーピーアイガス
アルミ製の軽いマグ（59g）
ヒューマンギア
一体型のスプーンフォーク
樹脂製で軽い（15g）
PRIMUS
POWER GAS
110
白飯
チゲ
■バーナー&調理器具
プリムス
153ウルトラバーナー（116g）
小型ガス缶
（オールシーズン用100g）
1.0ℓ鍋&パン一体型（280g）
100円ショップ
ライター（フリント式15g）
合計
約0.8kg

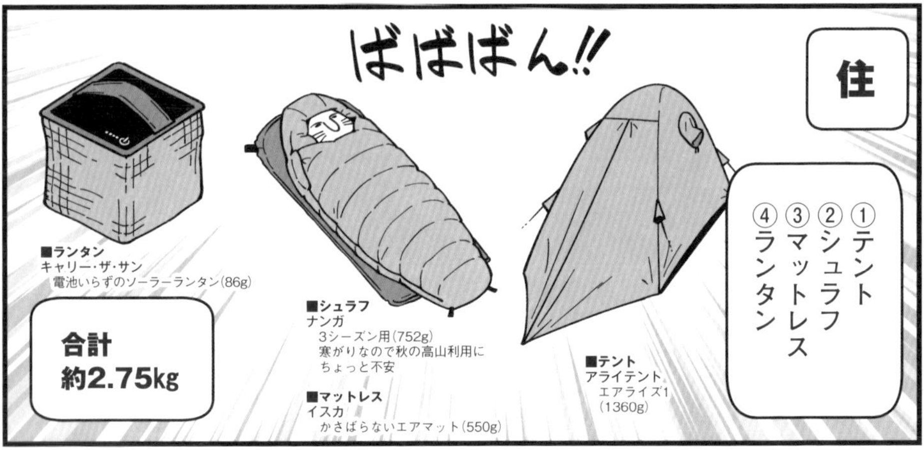
住
①テント
②シュラフ
③マットレス
④ランタン
ばばばん!!
■ランタン
キャリー・ザ・サン
電池いらずのソーラーランタン（86g）
■シュラフ
ナンガ
3シーズン用（752g）
寒がりなので秋の高山利用にちょっと不安
■マットレス
イスカ
かさばらないエアマット（550g）
■テント
アライテント
エアライズ1
（1360g）
合計
約2.75kg

ズラララ ラ!
いつもの日帰り登山の装備+α
■モバイルバッテリー
20000mAh
(スマホ約4回充電可能400g)
■ヘッドライト
(電池込み69g)
■サングラス
(60g)
■エマージェンシーキット
(300g)
■水筒&ハイドレーション
サーモス
水筒は山専用のもの(0.9ℓ488g)
グレゴリー
3Dハイドロリザーバー2.0ℓ
(272g)
■行動食
ドライマンゴー1袋(80g)
チョコあ〜んぱん1箱(40g)
カロリーメイト1箱(80g)
柿ピーわさび2袋(60g)
■トレッキングボール
(200g×2)
■レインウェア
上:ミレー
耐水性(20000㎜)
透湿性(50000g/㎡/24h)
透湿性能が高い汗かきの味方(490g)
下:モンベル
耐水圧(20000mm)
透湿性(15000g/㎡/24h)
高性能でコスパ高い(242g)
■水分
水2ℓ(2000g)
お湯0.9ℓ(900g)
約5kg
チョコあんぱん
それらをすべてパッキング可能にする65ℓの大型ザック
■ザック
グレゴリー
ザック界のロールス・ロイス
(2230g)
どん
約2.25kg
ズシィ
テント泊登山とは衣食住すべてを担ぐということである
うおぉぉぉ やっぱりテント泊装備重てぇ…
総重量
約12kg
さわやか信州号
新宿PM10:25発
↓
上高地AM5:20着
※当時の出発時刻です
明日の涸沢カール歩き通せるかなあ
ブロロロロロロロロ

AM5:20
［上高地バスターミナル］
秋ということもあり まだあたりは暗い
ガタ ガタ
寒い… ウルトラでライトなダウン着るか
※この日の最低気温は４℃ 10月中旬頃には氷点下までいきます
家族はまだ着いていないようだ
上高地着いた 寒いです
母
もうすぐつく
待つこと10分 沢渡バスターミナルからのシャトルバスが到着
※上高地は自然環境保護のためマイカーは通年規制 バスかタクシーでのアクセスになります
母と妹が合流
大ちゃん 久しぶりやなぁ 太った？
大輔あんた 太ったな 食生活が悪い 見直しなさい
マシンガン トーク
出会い頭の 健康チェック…
これでも 半年で３kg 痩せたんですぅ
母
妹 もっちゃん
積もる話も あると 思うけど
涸沢まで先は長い 歩きながら話そうか

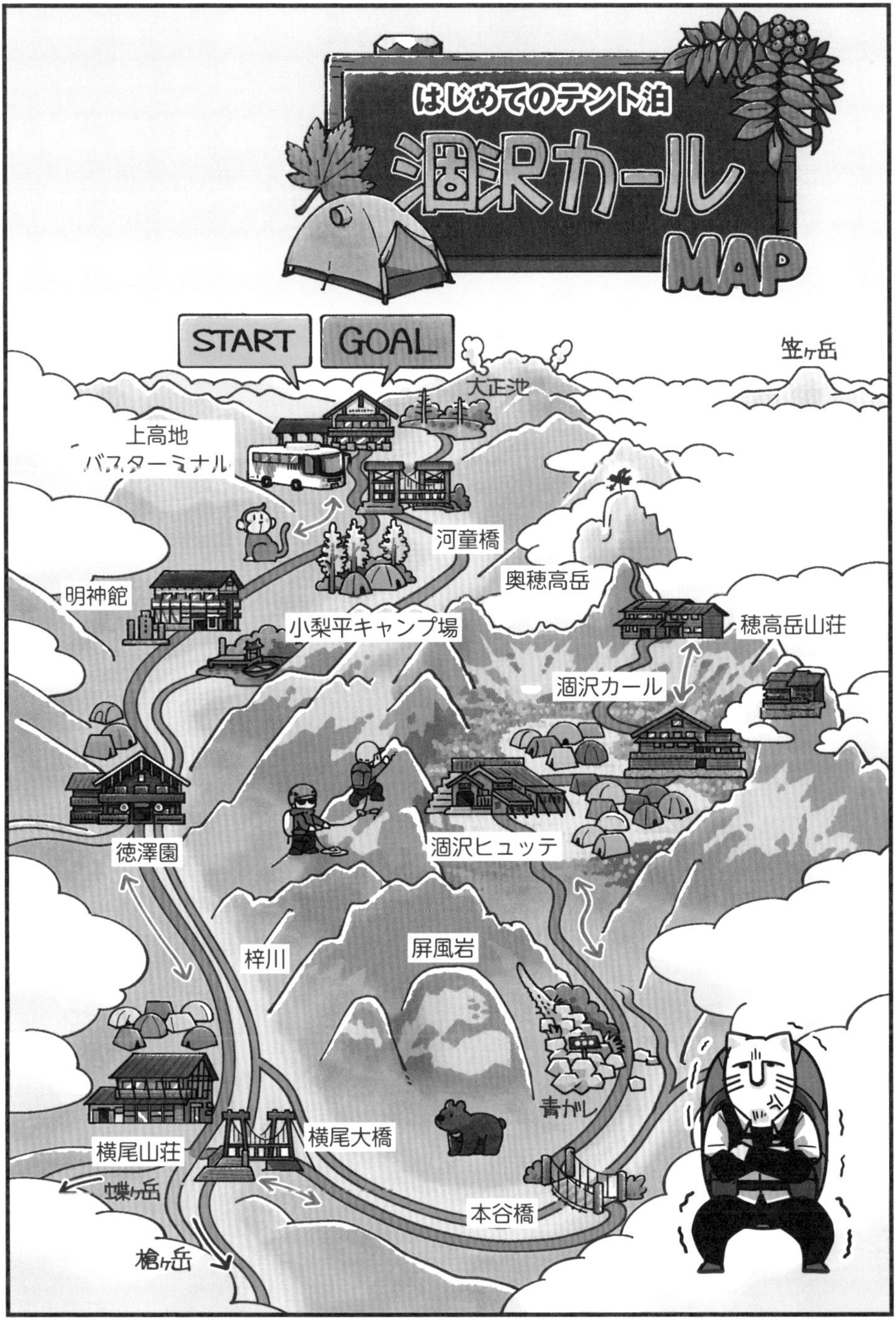
はじめてのテント泊
涸沢カール
MAP
START
GOAL
笠ヶ岳
大正池
上高地
バスターミナル
河童橋
奥穂高岳
明神館
穂高岳山荘
小梨平キャンプ場
涸沢カール
徳澤園
涸沢ヒュッテ
梓川
屏風岩
青ガレ
横尾大橋
横尾山荘
蝶ヶ岳
本谷橋
槍ヶ岳

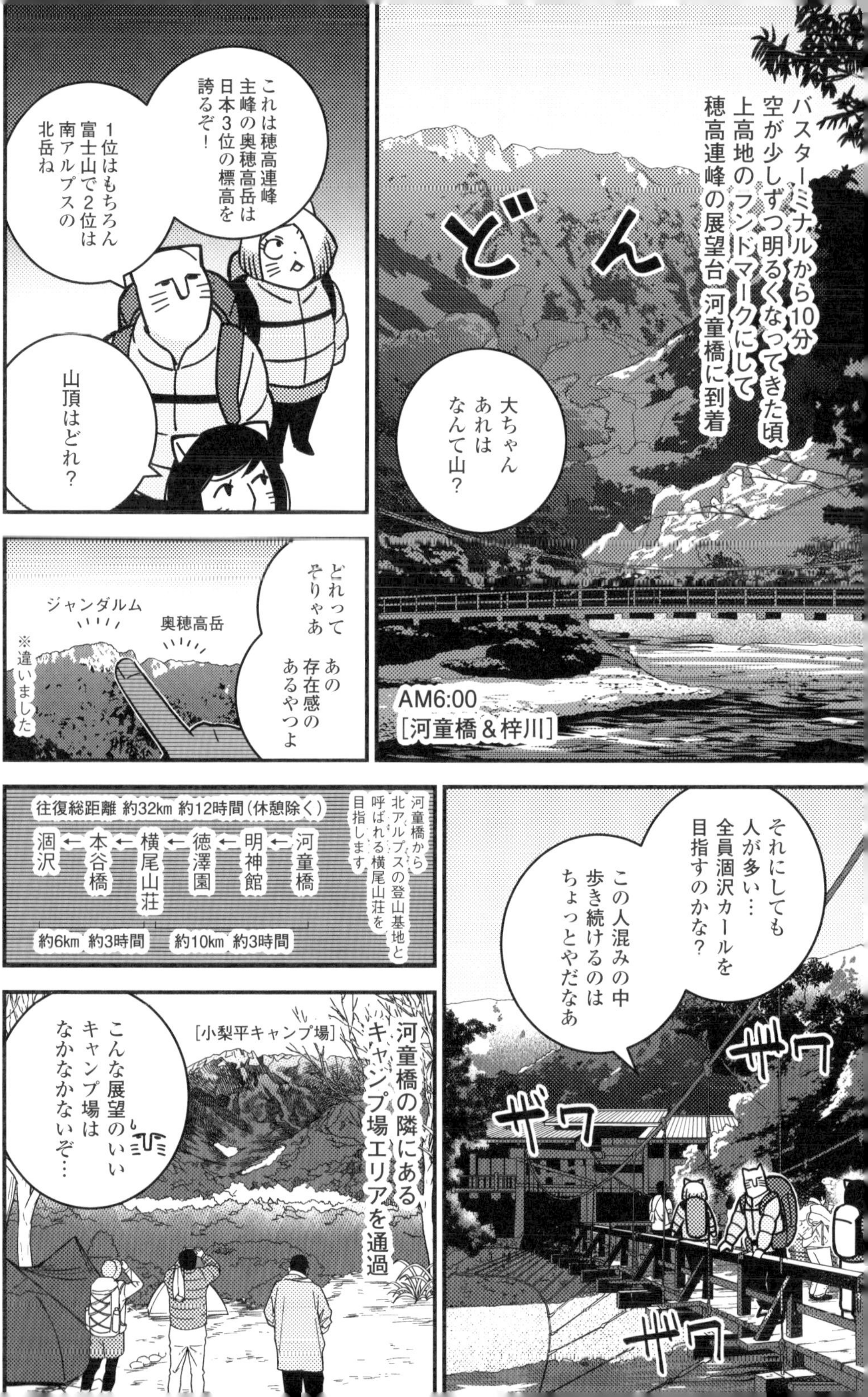

バスターミナルから10分
空が少しずつ明るくなってきた頃
上高地のランドマークにして
穂高連峰の展望台 河童橋に到着
どん
大ちゃん あれは なんて山?
AM6:00
[河童橋＆梓川]
これは穂高連峰 主峰の奥穂高岳は 日本3位の標高を 誇るぞ!
1位はもちろん 富士山で2位は 南アルプスの 北岳ね
山頂はどれ?
どれって そりゃあ あの 存在感の あるやつよ
ジャンダルム
奥穂高岳
※違いました
それにしても 人が多い… 全員涸沢カールを 目指すのかな?
この人混みの中 歩き続けるのは ちょっとやだなあ
ザワ
ザワ
ザワ
河童橋から 北アルプスの登山基地と 呼ばれる横尾山荘を 目指します
往復総距離 約32㎞ 約12時間(休憩除く)
河童橋 ← 明神館 ← 徳澤園 ← 横尾山荘 ← 本谷橋 ← 涸沢
約10㎞ 約3時間
約6㎞ 約3時間
河童橋の隣にある キャンプ場エリアを通過
[小梨平キャンプ場]
こんな展望のいい キャンプ場は なかなかないぞ…

キャンプ場を抜けると少しずつ観光客も減り落ち着いた雰囲気になってきます
よかった
ほっ
代わりに道のど真ん中を突き進んでくる大きな猿と遭遇
登山者は皆道を譲りました
ズ・ズ・
譲って当たり前みたいなこの態度!
ごうわくな
※腹がたつの意味の方言
河童橋から1時間
コースタイムから大きく遅れることもなく第1休憩ポイントに到着
AM7:10
[明神館]
横尾までは1時間おきに休憩ポイントがあるの助かるな
3人とも朝食がまだだったのでここで30分の食事休憩を挟むことにしました
穂高奥宮
明神池
じゅごんはのむヨーグルトとおやきを購入したのですが
安曇野
のむヨーグルト
太るから半分だけにしときなさい
ヒョイ
おやきの半分を食べられる母上とて許せぬ
明神館から先は「奥上高地」と呼ばれるエリア
明神岳や穂高連峰のひとつ前穂高の迫力ある岩峰を眺めながら徳沢へと向かいます
観光客が急に減ったなあ

ぽかぽか
AM8:50
[徳澤園]
徳澤園到着
この頃には太陽も昇り
2時間も歩いてきたので
体が火照ってきました
あちー
冷たいもの食べたい
徳澤園の名物といえばソフトクリーム
FAMOUS ICE CREAM
MICHIKUSA SHOKUDO
なのですが
ちらちら
お許しが出ました
キャキャ
ちなみにこの徳澤園は
別名「氷壁の宿」といい
有名な山岳小説『氷壁』の舞台として
出てくる徳沢小屋のモデルです
『氷壁』
著:井上靖
昭和30年に日本の山岳界に論争を巻き起こし、社会問題にもなった「ナイロンザイル切断事件」を題材にした山岳ミステリー小説の名作。この小説をきっかけに上高地や徳沢が観光地として広く知られ、多くの観光客が訪れるようになった。
氷壁
井上靖
大輔もこんな
後世に残るような
作品を作れるように
なりな
なかなかの
無茶ぶりである

横尾に近づくにつれ
下山してきた登山者と
すれ違うことが増えてきます
こんにちは
こんにちは
こんにちは
こんにちは
大ちゃんって
きちんと挨拶が
できる人間
だったんだね
見直したわ～
俺の社会性
どんだけ低く
見られてたの？
さっきから
すれ違う人の中に
腕組みして
歩いてる人が
いるけど
あれなんでなん？
それは俺も
気になったな
大型ザックの
登山者に多いから
重さによる負担を
軽減する技術
なんだろうけど
腕組みについて
あとで調べてみると
肩の負担の軽減
浮腫（むくみ）防止
重心が安定するなど
複数のメリットが
あるようです
多くの荷物を担ぎ山小屋に物資を運ぶ
山の運び屋「歩荷《ぼっか》」の写真を見てみると
いつも腕組みしているので
効果はたしかなのではないでしょうか
※イメージは尾瀬の歩荷さん
とりあえず
ベテラン登山者って
感じがして
かっこいいから
真似するかぁ
薄っぺらい
残念な子やわぁ

AM10:30
[横尾大橋]
標高1620m
横尾大橋
[横尾山荘]
これで今日の山行の半分
平坦とはいえ3時間以上歩くとなかなか疲れるね
小屋の食堂は混雑しているのでザックは外に置く
ドス
海外だと盗まれそう
横尾山荘名物のラーメンはシンプルあっさり醤油味だがそれがいい
こういうの待ってました〜!
あれ?二人はコーヒーだけ?
あんたこそよく食べられるなあ
道中あれだけ食べたのに
登山ていうか食べ歩きやね

横尾は涸沢と槍ヶ岳の分岐点
今回は涸沢に向かうので
横尾大橋を渡ります
11K 上高地
槍ヶ岳
横尾
槍ヶ岳
名前だけは
知ってるぞ
きっと今の俺には
まだまだ難しい
山なんだろうなあ
この頃はまだ槍ヶ岳と劔岳の
区別もつかない初心者
登山口を目にしたことで
山に対する解像度が上がり
それは目標へと変わる
でもいつか
登ってみたいな
横尾大橋を境に
本格的な登山道が
はじまります
ここから先は、
登山エリアです。
ヘッドランプ・雨具・地図など
登山準備の無い方は
入山をお控え下さい。
北アルプス山小屋友交会
北アルプス南部地区山岳遭難防止対策協会
涸沢方面への登山者へ
午後２時以降の入山は
控えて下さい。
北アルプス山小屋友交会
北アルプス南部地区山岳遭難防止対策協会
二人が
無事に歩けるか
心配だったけど
取り越し苦労
だったな
というか俺より
全然体力余裕そう
立つ瀬がないんだが
ルンタッタ♪
ルンタッタ♪
ハァ
ハァ
横尾から数十分
そろそろ
見える頃だと
思うんだが
お！
あれかな？
きっとそうだ

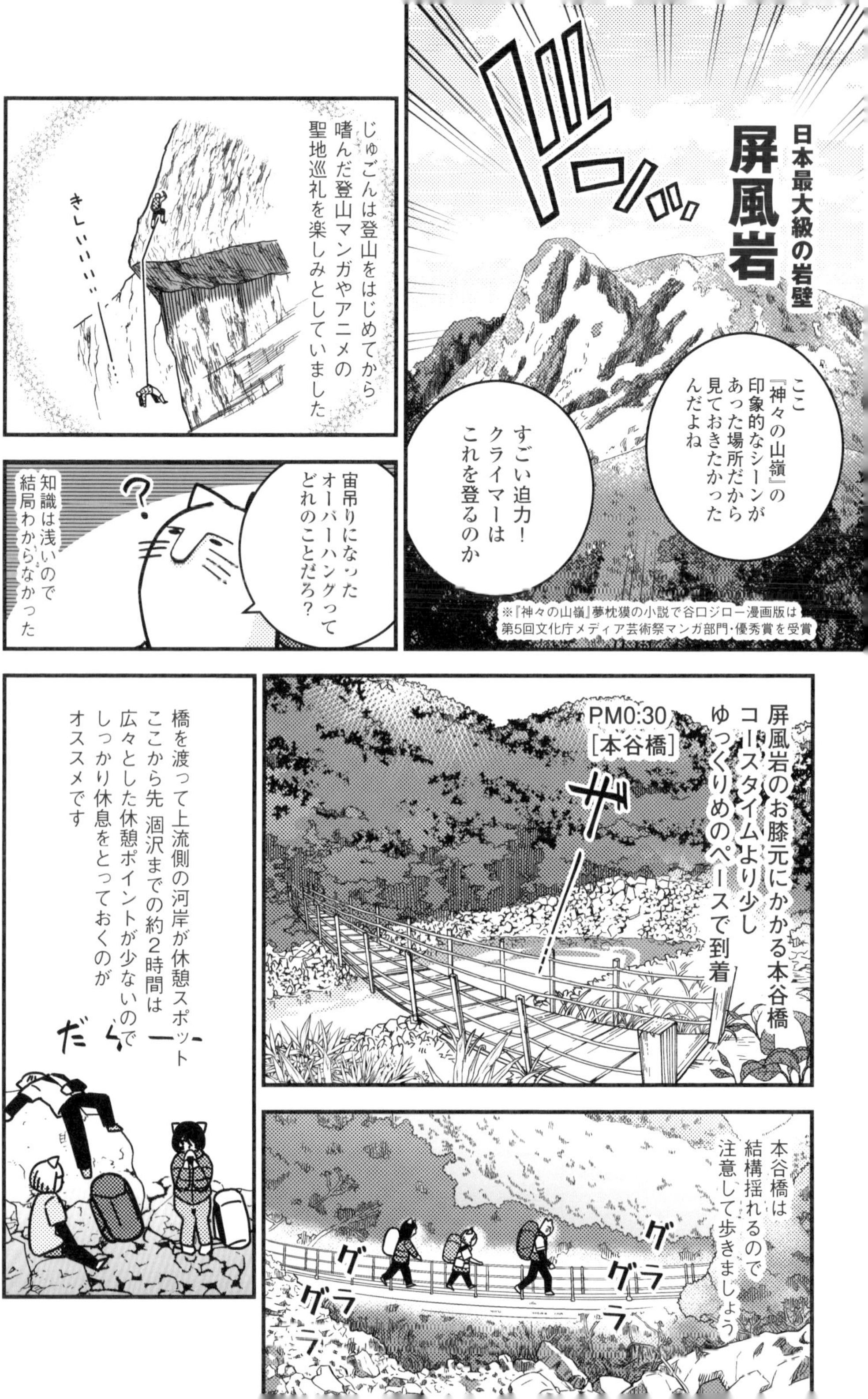
日本最大級の岩壁
屏風岩
ここ『神々の山嶺』の印象的なシーンがあった場所だから見ておきたかったんだよね
すごい迫力！クライマーはこれを登るのか
※『神々の山嶺』夢枕獏の小説で谷口ジロー漫画版は第5回文化庁メディア芸術祭マンガ部門・優秀賞を受賞
じゅごんは登山をはじめてから嗜んだ登山マンガやアニメの聖地巡礼を楽しみとしていました
宙吊りになったオーバーハングってどれのことだろ？
知識は浅いので結局わからなかった
屏風岩のお膝元にかかる本谷橋コースタイムより少しゆっくりめのペースで到着
PM0:30
［本谷橋］
ザ
本谷橋は結構揺れるので注意して歩きましょう
グラ
グラ
グラ
グラ
橋を渡って上流側の河岸が休憩スポットここから先 涸沢までの約2時間は広々とした休憩ポイントが少ないのでしっかり休息をとっておくのがオススメです

本谷橋の先は急登からはじまります
ハァハァ
ハァハァ
整備はされていますがゴツゴツと大きな石が転がっていて転倒しないよう注意が必要です
ゼ
ゼ
そうだ…これが登山
ゼ
ゼ
ひー
上高地から本谷橋はただのハイキングだったんだ！
母たちにも疲労が如実に現れはじめたので用意していたトレッキングポールを使ってもらう
気がきくじゃない
こんなこともあろうかと
2人分用意しておいてよかったぜ
3人分用意しとけばよかった…
ホロリ
※自分のともう1セットはにゃも氏から借りた
標高が上がるにつれ登山道が紅葉に包まれはじめます
きれい～
これは涸沢カールの紅葉も期待できるのでは？
景色は心の栄養ドリンクみんなの気力が少し回復
あともう少し頑張りますか

急登が終わり
見晴らしのいい
平坦な区間が現れます
思わずここで休憩を
とりたくなりますが
カラカラ
ハァハァ
実はここ
青ガレと呼ばれる
落石多発ポイント
落石多発！
ここで
休むと危険
屏風岩から落石がないか
タイミングを見計らって
オオオオ
カラカラ…
早歩きで通り抜ける
シャカシャカシャカ
景色がいいので
もったいないと思ったり
そのあともまた
登り一辺倒
涸沢が目の前に
見えるのに
一向にたどり着く
気配がありません
さすがに疲れた母が
登山道の脇で横になって休憩
もう少し
だから
頑張れ〜
他の登山者さんが
心配して声をかけて
くれました
Z
Z
Z
そしてついに
今日の山小屋標識が
涸沢ヒュッ
涸沢小屋
涸沢
涸沢
やったー！
着いたー！
テント場
ここからさらに
10分歩くと知り
絶望したのは
言うまでもない…

PM3:30
[涸沢ヒュッテ]
涸沢ヒュッテの第一印象は石の要塞でした
敷地内が立体構造すぎで道迷いしそう
山側からの雪崩から小屋を守るため覆うように石が積まれています
新館で受付
テント泊利用でも食事が付けられたので朝食を付けました※
はい 1泊2食 2人で間違いないです
あと1人テント泊…は外に受付があるんですね
食 17:00-18:00
朝食 5:30-6:30
KARASAWA
ご自由にお取り下さい
※2024年時点でテント泊利用者への食事提供なしとのこと
ここで一旦小屋泊組とテント泊組で別れます
テント設営できたらヒュッテの屋上テラスに行くよ
OK!!
紅葉シーズンは人であふれている涸沢テントの設営場所を探してウロウロ
どこに張ろう
小屋付近はほとんど埋まってるな…
※テント上から見た涸沢ヒュッテ
背に人を大勢のせたクジラに見えます
テント場はとても広いので設営できないということはなさそうですが——
トイレは小屋まで戻らないといけないので離れすぎるとあとで苦労することになります
おあつらえ向きのスペース発見!
誰かが作った石垣も残ってる
小屋までの距離もまあまあかな?
よし決めた
ドス

カラフルなテントが
涸沢カールの底を埋め尽くすほど並ぶ
紅葉のピークになると
テントの数は千張りを
超えるのだそう
北穂高小屋
北穂高岳(3106m)
涸沢のコル
涸沢小屋
ここを
キャンプ地
とする！
テント受付
山岳相談所

オタクと学ぶ
テント設営
設営場所を決めたら
破損の原因になりそうな
小石などを取り除き
テント本体を広げる
テントポールを組み立てる
（破損の原因になるので
接続はしっかり）
ズッズッ
テント本体のスリーブにポールを通す
接続部が外れやすいので
押し込むように入れるのがコツ
どや
ポールを角に固定したら
テント本体が自立しました
えらい！
ファサ
フライシートを被せます
風
入り口の向きが風下か確認して
張り縄をペグや石を使って
固定します
Success!!
完成
本番前に必ずテントに
不具合がないかのチェックと
設営の練習をしましょう

ガヤガヤ
ワイワイ
テントの設営を無事終えたので二人と合流じに涸沢ヒュッテの屋上テラスへ向かいます
涸沢ヒュッテの名物おでん食べよう
夕食前だけど名物だしな仕方ないな
お疲れだねぇ夕食後にまた集まろう
おでんだけ食べて解散!
母は寝たから小屋の夕食まで起きない
しかしこの日 名物おでんは売り切れ
ごめんなさいね
がーんだな…
カール内を散策しつつテントに戻ります
カール近辺の紅葉は色がちょっと落ちちゃってるなあ
あたりが暗くなる中夕食の準備をはじめます
尾西のえびピラフ
スープパスタ
PRIMUS
IP-250G

アルファ化米は水で約60分
お湯だと約15分でき上がります
鍋で調理するともう少し時間を
短縮できるし味も段違いで美味しい！
尾西の
えびピラフ
思ってたより作るの
時間かかっちゃった
二人を待たせるのも
悪いし早く食べよう
もぐもぐ
来たわよ
遅いから
来ちゃった
翌日の予定を確認する
明日の朝は
モルゲンロートを見て
涸沢ヒュッテで朝食
そのあと二人は
来た道を使って
上高地に下山
俺は奥穂高岳に
登ってから
もう1泊して
下山するよ
奥穂高岳
登ることに
したのね
不安では
あるけどね
そのために
ヒュッテで
ヘルメットを
レンタルした
気をつけ
なさいよ
「あの時
止めておけば…」って
なりたくないからね
MAMMUT
MAMMUT スカイウォーカー2
それじゃあ
明日の朝も早いし
小屋に戻るね
うん
それじゃあ…

おやすみ～
日没から就寝時間までの数時間
大勢の登山者によるテントの
イルミネーションが涸沢を美しく彩る
それはまるで宝石箱のように輝いていました

夜明け前
空が瑠璃色だ
AM5:20
登山者の朝は早い
[涸沢ヒュッテ屋上テラス]
この時間この瞬間涸沢にいるほとんどの人が同じ方向を見つめています
来た！
モルゲンロート（朝焼け）
朝日に照らされ真っ赤に染まるその姿は山が最も美しく見えるときのひとつです
涸沢岳（3110m）
穂高岳山荘
奥穂高岳（3190m）
見よ！穂高は赤く燃えている！

AM8:00
モルゲンロート後
朝食とテントの
撤収作業を済ませ
家族と別れの挨拶
楽しかったよ
家族登山も
わるくないね
また企画しよう
それじゃあ
登りますか
日本の山 標高第3位
日本百名山のひとつ
奥穂高岳！
じゃあ
上高地まで無事
下山できたら
連絡入れるね
こっちも
山荘着いたら
連絡する
（電波があれば）
了
解
奥穂登山道
【注意】この先は最後まで歩き通せる体力と、鎖場や梯子、岩場での歩行技術が求められる中～上級登山者コースです。事前の情報収集を人任せではなく、自らしっかり行い、登山計画を立てた上で挑戦してください。
涸沢から約1時間かけて
奥穂高岳の難所のひとつ
ザイテングラートを目指します
急登が続くうえに高山という環境
いつもより疲れやすく感じたので
無理をせず休み休みゆっくり登ります
奥穂高岳
穂高山岳荘
ザイテングラート

AM9:30
ザイテングラートの入り口に到着
振り返ると米粒サイズになった
涸沢ヒュッテそして屏風岩が見えます
常念岳(2857m)
屏風岩
涸沢ヒュッテ
今頃二人は屏風岩の青ガレを通過した頃かな?
傾斜がキツく浮石(不安定な岩)も多く
踏み外したらカール底へ真っ逆さま
そんな登山道を1時間以上(!)
集中力を切らさないように慎重に進みます
さらに岩場は正規ルートが
わかりにくい箇所が多く
岩に書かれた○×や矢印などの
マークを見落とさないよう
景色に気を配りましょう
疲れてきた時は特に注意
歩くだけで精一杯になり
普段当たり前にできている
ことができなくなります
(もちろん地図での確認も)
しばらく登っていると
チュク チュク
チーチ
クリヒー
クリヒー
こんな高山の森林限界で鳥の鳴き声…
これはもしや?
チョリ
チョリ
チョロリ
ビンゴ!雷鳥だ!
やった はじめて見た
※イワヒバリです
せっかくの北アルプス
高山にしか生息しない野鳥や
動物を探すのも楽しいですね
ちなみにじゅごんが
本物の雷鳥に会えたのは
1年後の立山でした

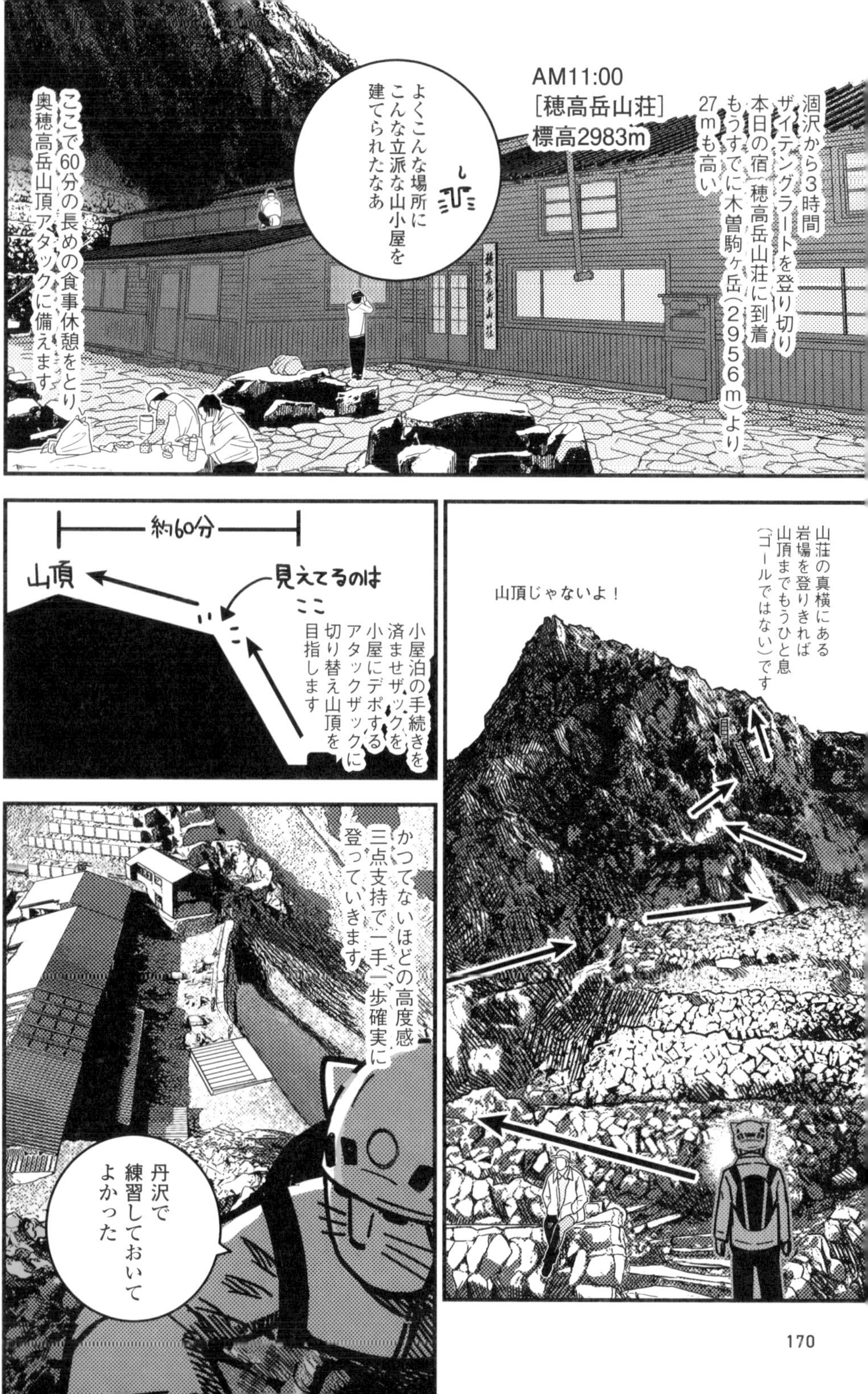
涸沢から3時間
ザイテングラートを登り切り
本日の宿 穂高岳山荘に到着
もうすでに木曽駒ヶ岳(2956m)より
27mも高い
AM11:00
[穂高岳山荘]
標高2983m
穂高岳山荘
よくこんな場所に
こんな立派な山小屋を
建てられたなぁ
ここで60分の長めの食事休憩をとり
奥穂高岳山頂アタックに備えます
山荘の真横にある
岩場を登りきれば
山頂までもうひと息
(ゴールではない)です
山頂じゃないよ!
約60分
山頂
見えてるのは
ここ
小屋泊の手続きを
済ませザックを
小屋にデポする
アタックザックに
切り替え山頂を
目指します
かつてないほどの高度感
三点支持で一手一歩確実に
登っていきます
丹沢で
練習しておいて
よかった

バババババババ
ヘリコプターが足元のはるか下を飛んでいる
そして後方には
槍ケ岳
バババババババ
なんという非日常…

PM1:00
[奥穂高岳山頂]
はあ
はあ
奥穂高岳登頂したぞ!
はあ
はあ
すごい…
360度
見渡す限りの
笠ヶ岳
絶景
ジャンダルム
まさか登山をはじめて
こんな所に登れる日が来るとは思ってもいなかった

高尾山からはじまり
毎週のように
いろんな山を登って
積み重ねてきた
経験と体力があったから
来られた場所
じゅごんは基本的に
自己肯定感の低い人間だ
自分自身を褒めたり
認めてあげたりは
めったにしない
それで好きだったはずの
絵を何年もやめて
しまっていたこともある
だけどこの時だけは心から
よく
頑張った
と自分を褒めて
あげることが
できたのでした

なんかいい感じに締めてしまいましたが家に帰るまでが登山です
ここをまた下りないといけないのか…
登山は登りは体力 下りは技術といいますが ここは登りも下りも両方必要でした
山荘に一番近いこの岩が一番難度高かったな
PM3:00
[穂高岳山荘]
今日の行動予定を無事に終え安堵
ヨロ
ヨロ
今日はもう何もしたくない
夕食まで寝て食べたらまた寝よう
でもまだ気がかりが残ってます
ヒュポ
ん?誰かからメッセージ来たな
ちょうど母たちから下山の報告これで心置きなく休めます
こっちも無事
山荘着いた
明日下山します
母
気をつけて
しかし翌日
今回の山行で一番過酷な
状況が待っているとは
この時のじゅごんは
知る由もなかった

AM5:30
朝食を食べ
AM5:50
穂高岳山荘から
御来光を見て
※10月なので日の出より朝食の方が早かった
AM6:00
すぐ出発
AM8:00
[涸沢ヒュッテ]
あらかじめ予約していた
新宿行きの高速バスの
発車時刻はPM2時台
穂高岳山荘から涸沢まで2時間
涸沢から横尾まで3時間
横尾から上高地まで3時間
一切の感情を捨て歩き続けます
相棒よ
さらば
※レンタルヘルメットを涸沢ヒュッテに返す
AM11:00
[横尾大橋]
ここまで来たら
もう下山した
ようなもんでしょ
それが大きな
間違いでした
バスの発車時刻まで
残り3時間強か…
あれ？ そんなに
休憩する時間ないぞ
数日にわたる登山を計画する場合
後半は蓄積した疲労も計算に入れましょう
ハァ
ハァ
下山時の上高地～横尾あるある
ハァ
ハァ
あれ？
もしかして
めっちゃ遠くない？
※バスの時間には間に合いました

絶景紅葉とモルゲンロートに感動

涸《から》沢《さわ》カール

～奥《おく》穂《ほ》高《たか》岳《だけ》

（長野県）

カールというのは日本語で「圏《けん》谷《こく》」を意味し、大昔の氷河の侵食によって山肌が削り取られてできた地形のことを指す。そのなかで日本最大級のものが涸沢カールである。秋になるとナナカマドやダケカンバの紅葉で一面が彩られる姿はあまりにも有名。カール下部から3000m峰の山々（前穂高岳、奥穂高岳、涸沢岳、北穂高岳）を見上げると、まるで円形劇場にいるような錯覚さえ覚える。

上高地を起点に、明神、徳沢、横尾間は約1時間ごとに山小屋があって休憩に適している。横尾までは平坦で歩きやすいハイキングコースが続くが、横尾から横尾大橋を渡って涸沢方面へ進むと登山道となり、左手側にクライマーの聖地とも呼ばれる屏風岩が見えてくる。本谷橋から先は急登があるが、やがて緩やかになる。青ガレと呼ばれるガレ場は、落石リスクがあるので立ち止まらずに進むこと。涸沢小屋と涸沢ヒュッテに来れば大展望はもうすぐ。

本書では1日目に上高地から涸沢まで行っているが、徳沢か横尾で1泊すると行程に余裕が出る。涸沢から奥穂高岳や北穂高岳への道は上級者向けなので岩稜帯歩きを練習したうえで挑戦すること。

季節カレンダー

1月	2月	3月	4月	5月	6月	7月	8月	9月	10月	11月	12月
冬山	冬山	冬山	冬山	残雪	残雪	残雪	夏山	夏山	紅葉	冬山	冬山

じゅごんMEMO

はじめての北アルプス！と思ったら実は赤子の頃に両親と上高地に来たことがあるそうです。もともと登山趣味のあった母は、妹が生まれるまで私をあちこち連れまわったそうです。涸沢登山をきっかけに、家族で山に行くことも増えました。かつて連れられて歩いた山を、今は連れ立って歩くと思うと感慨深いです。

DATA ※涸沢カール

所在地	長野県松本市安曇
標高	涸沢カール2300m（奥穂高岳3190m）
累積標高	上り1424m 下り1424m
歩行距離	30.7km
歩行時間	10時間30分
無雪期	7月上旬～10月上旬
開山	なし

スタート地点までのアクセス

電車・バス　JR松本駅からアルピコ交通上高地線で新島々駅下車。バスで上高地バス停へ

車　上高地はマイカー規制のため、長野自動車道松本ICから約1時間、沢渡の駐車場に止めてバスかタクシーで上高地へ

体力度	★★★★★
技術度	★★☆☆☆
絶景度	★★★★★
グルメ度	★★★★★
アクセスのしやすさ	★★★☆☆

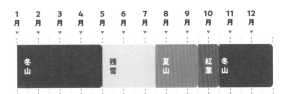

初心者のための基礎知識

パッキング編

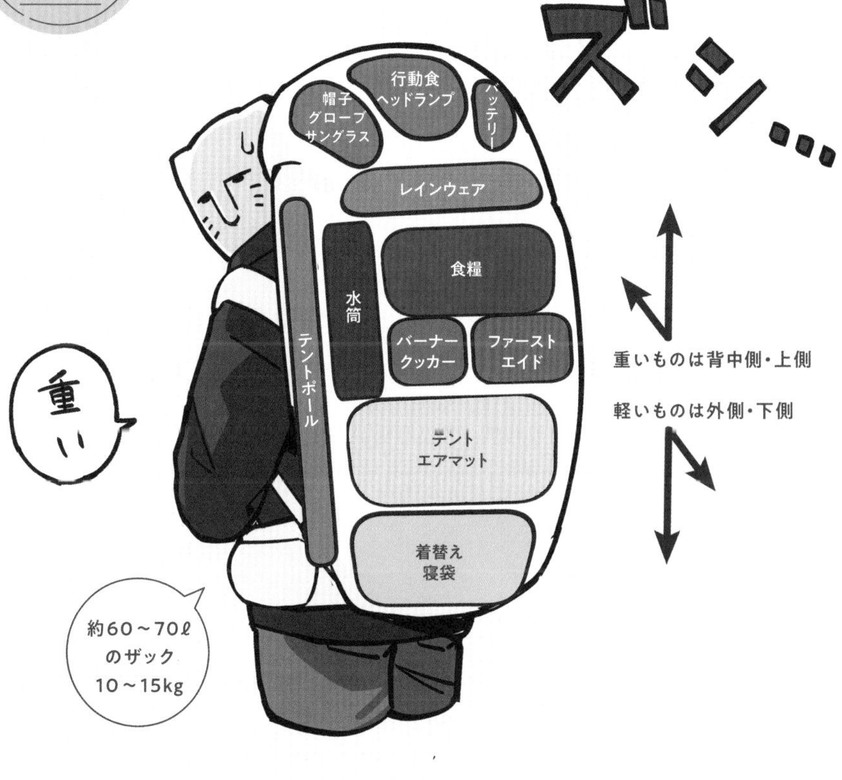

荷物の入れ方に原則あり

テント泊をする場合は装備の重量が重くなるため、軽量化や適切なパッキングを心がけたい。ここではパッキングの原則を紹介する。

まず、「重い物は背中側・上側、軽い物は外側・下側に入れる」こと。これを実践するとザックを背負った時、ザック内の重心が体の近くに来るため、歩行が安定する。逆にこのようにしないとザック内の重心が体から離れるため、歩行時にザックに振り回されるようになり歩行が安定しない。また、「行動中に使う物は上側、使わない物は下側」も原則。行動中に頻繁に使うものほど、より取り出しやすい場所に収納しておく必要がある。具体的な場所の例として、雨蓋はすぐに出したいもの（行動食、ヘッドライトなど）、ザック内上部は休憩でザックを下ろした時に出せるもの（水分、食料、レインウェアなど）、ザック内下部は山小屋に着いてから出すもの（防寒着、寝袋、テントなど）と分ける。

涸沢カール～奥穂高岳コースMAP

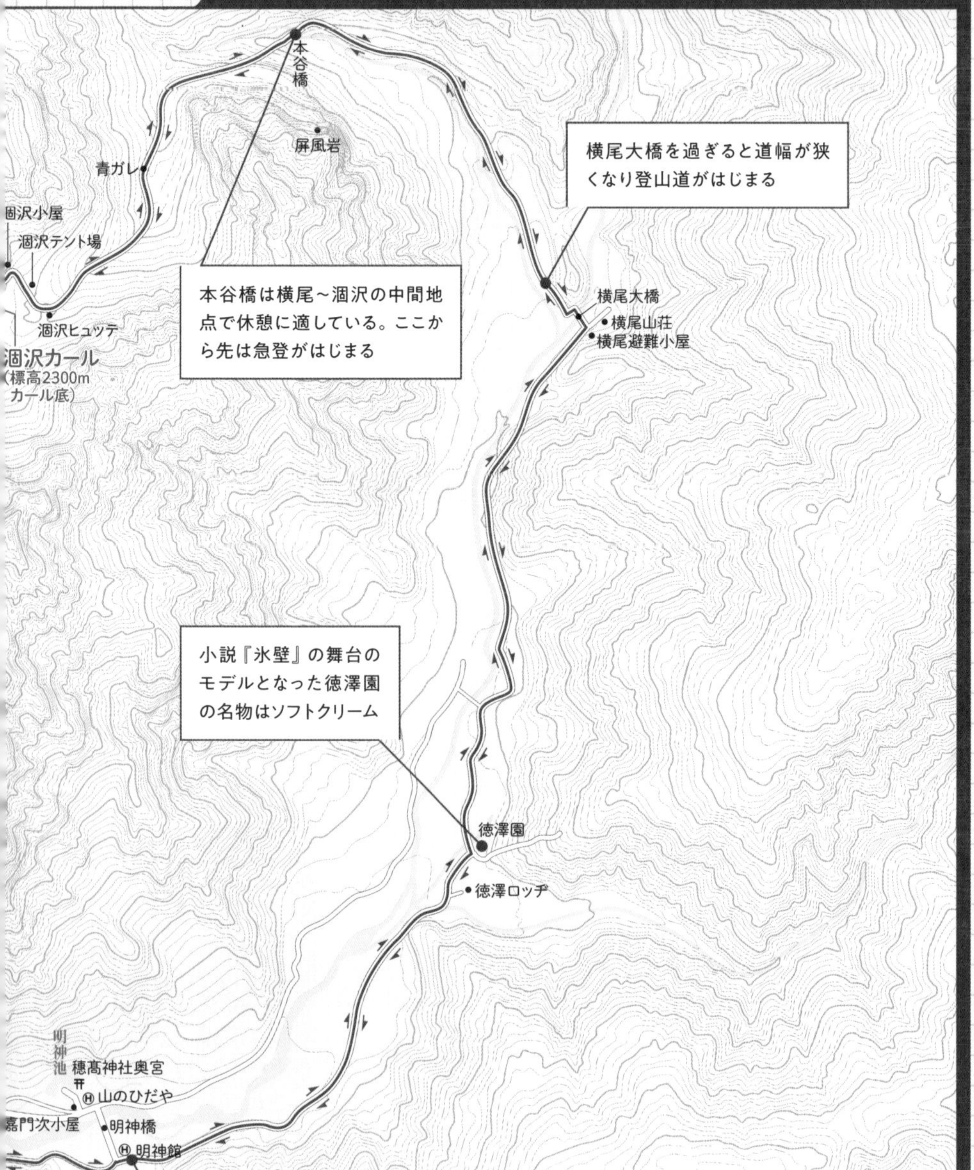

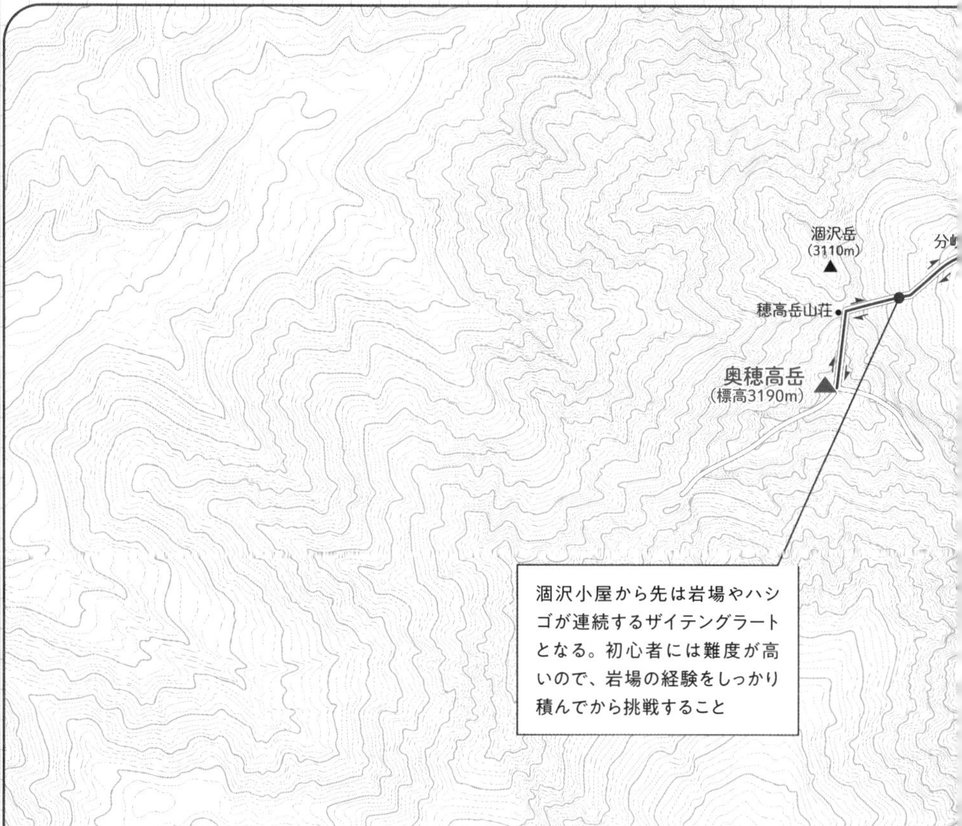

涸沢岳
(3110m)
穂高岳山荘
奥穂高岳
(標高3190m)
涸沢小屋から先は岩場やハシゴが連続するザイテングラートとなる。初心者には難度が高いので、岩場の経験をしっかり積んでから挑戦すること
梓川
小梨平キャンプ場
河童橋
上高地郵便局
上高地ビジターセンター
五千尺ホテル上高地
ウエストン碑
上高地バスターミナル
GOAL
START
田代橋
上高地帝国ホテル
N
0
500m

涸沢カール～奥穂高岳　フォトギャラリー

人間ども頭が
たかーい！

徳澤園に来たら
まずはこれ！

❶涸沢から望むザイテングラート❷横尾橋を渡るとアップダウンの登山道が続きます❸青ガレは落石注意！ 景色はとてもよいのですが速やかに通り抜けるようにしましょう❹穂高岳山荘のカレー❺ヤンキーモンキー❻ものすごく長く感じる徳沢～横尾ロード

❼横尾は北アルプスの登山基地❽素晴らしい紅葉。景色はまさに心の栄養剤!❾一歩踏み外せば大ケガどころじゃありません…。集中して慎重に歩を進めます❿穂高岳山荘に到着。こんなところによく小屋を建てたなあ…と思います⓫はじめて見る槍ヶ岳⓬みんなの視線がひとつになるモルゲンロート⓭クジラに見える涸沢ヒュッテ⓮夜の涸沢は色とりどりのテントが輝く、まるで宝石箱のようです⓯夜明けが近い

おまけマンガ

パッキング

山行前夜
パッキングまだです…
なんで!?
先週まで順調だったじゃない!?
そうなんだけどねぇ
パッキングが完了したらいよいよ引き返せないと思うと憂鬱で…
予定日が近づくと期待より不安が上回るやつう…
気持ちはわかる
でも当日は嘘のように楽しめる

安全登山のための鉄則10か条

本書で紹介しているとおり、山登りはとても楽しいレジャーだが、あくまで自然が相手であることを絶対に忘れてはいけない。ここに紹介する「鉄則」をしっかり守って、安全に楽しもう！

1 自分の力量に合った山を選ぶ

なによりも「安全」が最優先
最初は無理をせずに日帰りで

登山をする場合は「安全」であることが第一。余裕をもった登山ができる、以下のような山を選ぼう。まずは軽い装備で行ける「日帰りで登れる山」。次に「人気のある山」。これは登山者が多いため、万が一の場合に道を尋ねたり助けを呼んだりできるから。そして、「標高差３００m以内の山」。標高差が大きいということはたくさん登るということで、最初は登山口から山頂までの標高差３００m以内に抑えておくと無理なく登れる。

コースタイムの目安は3時間以内で、登りが2時間、下りが1時間程度で、休憩時間として1時間30分入れても下山までの総行動時間は4時間30分程度にしておくのがよい。事前に計画を立てること。

はじめての登山にオススメの山としては、関東なら高尾山、御岳山、筑波山、宝登山（すべてケーブルカーやロープウェイ使用）。東海なら御在所岳、金華山（ロープウェイ使用）、茶臼山。関西なら六甲山、金剛山、伊吹山（ドライブウェイ駐車場から）を挙げたい。

それに我々のような登山経験のない初心者は
安易に計画を変えて行動をすべきではない！
ぐうの音も出ない
ド正論!!

2 事前にルートをリサーチする

登山口までのアクセスはもちろん
天気や登山道の状況をしっかり調べる

まず最初にガイドブックやインターネットで登山口までのアクセスを調べること。電車、バス、ロープウェイの時刻も調べ、帰りは何時までに下山すべきか確認。途中の林道が通行止めになっていないか、交通機関が休止していないかもチェックする。

登山当日の天気予報はもちろん、1週間くらい前から天気予報をチェック。麓の予報を出しているサイトで晴れ予報でも、山頂は吹雪という場合があるので、できれば登山専門の山頂気象予報を出しているリイトで確認をする（ヤマテン、Windyなど）。雨予報の場合は決して無理をせず、別日に延期するか中止の判断を。

登山道の状況確認も重要。通行止め、危険箇所、残雪、凍結がないか、YAMAPやヤマレコなどアプリの登山記録投稿ページで直近に登った人の記録や写真をチェックする。また、登る山が火山の場合は気象庁の噴火警報・予報のサイトで噴火警戒レベルも調べておくこと（2、3で規制あり。4、5で避難）。

3 登山計画書は必ず提出する

行程に無理がないか確認
事故にあった場合は捜索の助けになる

「登山は準備が8割」といわれている。登山計画書（登山届）を作成して行程に無理がないかセルフチェックしよう。万が一遭難事故にあった場合、計画書は登山者を捜索する手がかりになるだけではなく、目撃情報など、捜索に有効な情報を得るための助けになる。

計画書に記載すべき項目は以下のとおりで、山域と山名（北アルプス〇〇岳）、登山形態（一般登山、クライミング、バックカントリーなど）、登山メンバー（氏名、年齢、住所、連絡先、リーダー、サブリーダー）、日程・行動予定（6時〇〇登山口～〇〇尾根～10時〇〇山頂～14時〇〇登山口）、エスケープルート（悪天候時などに使って下山するルート）、装備、食料、緊急連絡先など。

提出方法は登山口にあるポストへ提出するのが基本だが、山と自然ネットワーク「コンパス」、ヤマレコ「ヤマプラ」、ヤマケイオンライン「ヤマタイム」、YAMAP「登山計画」のように、オンラインでも登山計画を作成できるサイトやアプリもあるので活用したい。

4 季節と行動時間

日の出、日の入り時刻は季節ごとに把握しておくこと

山も平地と同じように四季があるが、状況が異なる。高山帯と呼ばれる本州の２５００～３０００ｍ級の山や北海道の１５００ｍ級の山では６月下旬～10月上旬あたりが登山適期。６月下旬でも雪が残っているところもあり、10月中旬になると初雪が降る時期。つまり高山帯では雪のない登山道を歩ける期間は約３か月間と限られている。

本州の太平洋側の低山では積雪があまりないため、登山適期が長い。ただし６～８月の真夏は気温が高いので登山適期とは言いがたい。

山には当然ながら街路灯などの明かりはないため、日没を迎えると周囲は真の暗闇となる。日没時刻は季節によって変化し、７月には19時近くまで明るいこともあるが、12月や１月は16時30分くらいとなる。登山計画を立てる時は日没の３時間前にはその日の行動を完了するようにしたい。アクシデントなどで下山が遅くなる場合に備えてヘッドライトは日帰り登山でも必ず携行しよう。

5 水分補給と栄養補給

エネルギー補給を最優先で食料計画を立てる

登山では荷物を背負って長時間歩くため、自分が思っている以上に多くのエネルギーを消費する。体の中のエネルギーが枯渇すると「シャリバテ」と呼ばれる低血糖状態になり、脱力感で体が思うように動かなくなる。

そのような事態を防ぐために、登山では行動中や休憩時に、こまめに素早く摂取できる「行動食」を食べる必要がある。具体的には飴、チョコ、ナッツ、ようかん、ゼリー、甘いお菓子などが挙げられる。ザックの取り出しやすいところに入れておこう。食事もおにぎり、パン、カップラーメンなど、炭水化物優先で栄養補給したい。

水分補給は、体重(kg)×行動時間(h)×５㎖(例・60kgの人が４時間歩く場合、60×４×５＝１２００㎖)の水分量を準備しよう。気温が高いとそれだけ発汗するので水分量を多めに、気温が低い場合は少なめに調整する。

補給のタイミングとしては、休憩ごと、および登山道でのすれ違いで少し時間がある場合など、こまめに少量ずつ摂取するのがよい。

6 疲れない歩き方を覚える

登りと下りで歩き方は異なる
ペース配分や体重移動にコツがいる

登山開始前は、ウォーミングアップとして動的ストレッチを行う。登りではゆっくり、小股で歩こう。ペースは平地の1／2程度、会話できるくらいのスピードを意識する。特に登山開始直後はペースが速くなりがちで、息が切れてきたらペースが速すぎるということ。

暑くなったら上着を脱いで体温調節し、こまめに水分を補給する。水分はザックのすぐ取り出せるところに収納して、30～60分に1回は5分程度の休憩を入れる。休憩時は行動食でエネルギー補給しつつ、上着を着て体温低下を防止する。疲れを軽減させるために食事は炭水化物をメインにしてエネルギー補給を心がける。

下りでは下りはじめる前に、足の甲あたりの靴紐を登りの時よりキツめに締め直しておく。下りもゆっくり、小股で歩き、ドスンと着地しないようにし、うしろ足に体重を残したまま静かに前足を着地させてから体重移動する。疲れが出てくるのが下りの行程。最後まで集中力を切らさずに。下山後は整理体操して体をほぐすこと。

7 地図アプリを活用する

もはや必需品のひとつ
山中で圏外でも現在地がわかる

ほとんどの人が持つスマホにはGPS機能が付いていて、地図アプリと組み合わせれば山の中でも現在地がわかるのだから使わない手はない。登山道の分岐や「道を間違えたかな？」と思った時に地図アプリを開いて現在地を確認すれば道迷いはかなり防げるだろう。

人気のアプリYAMAPは地図やインターフェースが見やすく初心者に使いやすい。地図ダウンロードは月2枚まで無料。ヤマレコは地形や他の登山者が通った「みんなの足跡」を見ることができて道迷い防止に有効だ。地図ダウンロードは同時に2枚まで無料。山と高原地図は登山地図の定番のスマホ版で、すべてのエリアがダウンロードし放題のプランと、山域ごとに課金するプランがある。ジオグラフィカはほぼすべての機能が無料で、地形を読みやすい画面が特徴。

各アプリとも圏外でも使えるように、事前に電波のよい所で地図をダウンロードしておく必要があるので注意。もちろん操作にも慣れておくこと。

8 道に迷ったら

山岳遭難要因のトップは実は「道迷い」

「道迷いかも？」と思ったらそれ以上進まず立ち止まり、以下を実行してほしい。まずは地図とコンパス、もしくは地図アプリを使って現在地を把握し、登山道上にいるのかを確認すること。

次に、来た道を引き返すこと。明確に登山道とわかる地点まで引き返すことが重要で、道迷いは下りで多いため、引き返すには登り返す必要があるが、面倒がらずに登り返さないと遭難する可能性が高くなる。

あと、沢に出ても下ってはいけない。登山道ではない道を下るといずれ沢に入り込む。その先には崖や滝があって無理やり下りようとして滑落する危険性がある。

9 危険生物に出会ったら

登山は野生生物たちのテリトリーへ入る認識で

山の中にはそこを棲家とする野生生物たちがいる。登山は彼らの棲家におじゃまする行為なので、無用な遭遇は極力避けるように行動すべきだ。

子熊連れのヒグマやツキノワグマとの遭遇は大変危険。遭遇しないためには熊鈴や笛、大声を上げて人間の存在を知らせる。遭遇したら背中を見せずにあとずさりする。至近距離まで来たら風向きに注意しながら熊スプレーを使う。

スズメバチはアナフィラキシーショックが起こり、死の危険もある。遭遇しないためにはハチに攻撃されやすい黒のウェアは避け、巣に近づかないこと。遭遇したら姿勢を低くして逃げる。

10 もしもの時は救助要請を

救助要請の流れは常に意識しておく

傷病者が出た時、まずはその場が安全な場所か周囲の状況を確認し、落石や転滑落の危険のある場合は安全な場所まで移動する。次に傷病者以外のメンバーを安全な場所まで移動させる。

そのあとは傷病者の状態を観察し、骨折の疑いがあるなら固定、出血があるなら止血などの応急処置を施す。自力下山ができない場合は携帯電話で警察（110番）もしくは消防（119番）へ連絡。電波が届いていない場合は届く場所まで移動するか、近くの山小屋で救助要請する。

登山は自己責任といわれるが、人命救助を最優先に！　大事に至る前にためらわずに救助要請を。

持ちものチェックリスト

◎:必ず持っていく
●:できれば持っていく

	チェック	必要度	持ち物	ポイント
服装		◎	シャツ、ズボン、下着	肌に触れる服は吸湿速乾性のものを。綿は乾きにくいので不可
		◎	靴下	登山用の厚手のもので靴ずれを防止
		◎	腕時計	防水性のあるものを。高度計付きモデルだとベター
基本装備		◎	登山靴	くるぶしが隠れるミッドカット以上で靴底がしっかりしているもの
		◎	レインウェア	ゴアテックスまたは同等の防水透湿性の素材を推奨
		◎	ザック	日帰り30ℓ以下、小屋泊30～45ℓ、テント泊50ℓ以上が目安
		●	ザックカバー	なければ大きなビニール袋をザックの中に入れておく
緊急時のビバーク(野営)道具		◎	ヘッドライト	日帰り登山でも万が一の場合に備えて必ず準備を
		◎	防寒着	フリースやダウンなど、緊急時に山頂付近で一晩過ごすことを想定
		◎	ツェルト(簡易テント)	薄手の保温断熱性素材シート。緊急で野営する場合に必要
道迷い防止		◎	地図	事前に地図を確認してコースをイメージしておく
		◎	コンパス	道に迷わないために常に現在地を把握
		◎	スマートフォン	山に行く前にはフル充電。GPSアプリを入れて現在地を把握
		◎	モバイルバッテリー	携帯電話の予備バッテリーとして
食料・水		◎	飲料水	体重(kg)×行動時間(h)×5mℓの量を準備しよう
		◎	食事	おにぎりなど、炭水化物中心でエネルギー補給を
		◎	行動食	登山中のエネルギー補給に。すぐに食べられる個包装のようかんなど
		◎	非常食	緊急用に。長期保存可能でカロリーの高いスナックバーやゼリーなど
重要		◎	登山計画書	登山は事前準備が大事。提出が義務化されている山も
		◎	お金	トイレチップ(小銭)や天候悪化時の山小屋泊(お札)で使用
		◎	ファーストエイドキット	絆創膏、鎮痛剤、解熱剤、テーピング、ガーゼ、ニトリルグローブなど
		◎	健康保険証のコピー	万が一の怪我などに備えて
その他		●	タオル	汗拭きや、首に巻けば保温もできる
		●	トイレットペーパー	ティッシュ代わりに。使いかけで芯を抜いたものを持っていく
		●	ウェットティッシュ	山でご飯を食べる前に
		●	日焼け止め、サングラス	標高が高いと紫外線も強いのでしっかり対策
		●	お風呂セット	車内に置いていき、下山後に温泉に入る時に使用
自炊する場合の追加装備		◎	バーナー	ガスバーナーなら取扱いが簡単
		◎	燃料	ガスカートリッジ、ガソリンやアルコールなど、バーナーに合った燃料
		◎	コッヘル	料理用の鍋。バーナーや燃料を中に収納できるタイプがオススメ
		◎	カップ	食後のコーヒーなどに。夜ならお酒も
		◎	カトラリー	箸、スプーン、フォークなど。割り箸で可
山小屋泊の追加装備		◎	着替え	汗をかいた日は着替えてさっぱり清潔に
		◎	ボディシート	基本的には山小屋にシャワーやお風呂はない
テント泊の追加装備		◎	テント、ポール、ペグ	テント泊には必須
		◎	マット	地面はとても冷たく、マットがないと快適に眠れない
		◎	シュラフ(寝袋)	夜の幕営地での気温に適した寝袋を
		●	ランタン	ヘッドライトで代用も可

あると安心なもの 手袋:防風防水仕様がよい/帽子:夏場は必要/トレッキングポール、スポーツタイツ:足腰の負担軽減/多機能ナイフ:何かと使える/耳栓・アイマスク:山小屋は相部屋が多いので安眠できるように/歯磨きセット:環境に配慮し歯磨き粉はつけない/シュラフカバー:テント内の結露防止に/サンダル:テント内と外の行き来が便利に

エピローグ
2024年 春——
じゅごん氏～
最近話題(?)のビギナー向け登山コミックエッセイ読んだ?
オタク登山道
オタク登山道
読んだ読んだ登山をはじめた頃を思い出すよ
じゅごん氏
マンガ家
団子にまんじゅう天狗焼にお蕎麦
なめこ汁かき氷
ソースカツ丼に焼きおにぎり
ソフトクリームやラーメンも捨てがたい
おなかがすいたな
グルメ漫画でも読んだ?
あれから5年か…

まさか今でも現役バリバリで登山を楽しんでいるとははじめた時は思いもしなかったね
山はスマホゲームやアプリのようにサービス修了がないからねえ
たしかに
でもほんと5年間いろんな山に登ったなあ
富士山
剱岳
立山三山
関東ふれあいの道
大台ヶ原
雲取山
甲斐駒ヶ岳
沢登り
鉱物採集
尾瀬ヶ原
辺境クライミング
西丹沢
磐梯山
瑞牆山
他にも いっぱい!
意外なことに槍ヶ岳はまだなんだよね
そうなんだよ だからにゃも氏 今年の夏は槍ヶ岳に登ろうぜ!
いいねえ
「今日からはじめる山登り」続く

今日《きょう》からはじめる山《やま》登《のぼ》り

2024年3月4日　初版発行

著　者 ―― じゅごん大輔《だいすけ》

発行者 ―― 山下直久

発　行 ―― 株式会社 KADOKAWA
〒102-8177　東京都千代田区富士見2-13-3
電話 0570-002-301（ナビダイヤル）

印刷所 ―― 図書印刷株式会社

製本所 ―― 図書印刷株式会社

お問い合わせ
https://www.kadokawa.co.jp/（「お問い合わせ」へお進みください）
※内容によっては、お答えできない場合があります。
※サポートは日本国内のみとさせていただきます。
※Japanese text only

定価はカバーに表示してあります。

ISBN 978-4-04-606488-2　C0026